経済学叢書 Introductory

インセンティブの経済学

殖産興業から学ぶ経済学入門

横山和輝

新世社

はじめに

　本書は，インセンティブについて学ぶ経済学の書です。インセンティブは経済学のキーワードで，「人の意欲を引き出すために与える刺激」のことを言います。詳しくは本文で説明します。経済学ではこのキーワードを通じてペアワークやチームワークにおける心と行動の問題に斬り込みます。本書はビジネス現場で直面する様々な問題を取り扱っています。大学生・大学院生のみならず，経済学を学んでみよう，久しぶりに勉強してみようと思い立った方々にもお読み頂ければと思います。

　本書では日本の明治時代における7つのエピソードを学習の手がかりとしています。150年近く前のビジネス現場の様々な困難やトラブルのなかから，現代のビジネス現場でも起こりうるもの，そして解決策のヒントが見出せるものを選びました。各エピソードについて，2部構成，すなわち前半では史実を解説，そして後半では経済学の理論や実証を解説するものとして章の構成が整えられています。

　明治時代，日本経済は産業化と呼ばれる重要な局面を迎えます。明治政府は「殖産興業」をスローガンに産業の育成を図ります。しかしながら，産業化は決して順風満帆ではありませんでした。インセンティブを切り口として日本の産業化の歴史を紐解くと，その道のりはデコボコだったことが浮き彫りになります。

　経済史研究および経済学研究は，筆者が学生時代の頃から現在までの約四半世紀，目覚ましい進展を遂げました。かつては「近代経済学の理論では経済史を説明することはできない」と豪語する研究者が少なくありませんでした。しかしながら学問は日々進歩します。歴史研究では詳細な史実が判明し，経済学研究ではより有用性のある理論や分析手順が開発されました。かつては「机上の空論」とも批判された経済学は大きく進歩したのです。こうした成果をもと

に，本書は「史実を丹念に調べることが比較的シンプルな理論での説明につながる」ことをお示しします。

　本書は多くの方々のおかげで執筆できたものです。まず，経済史・経営史研究者の方々にお礼申し上げます。業績の浅い筆者が本書を執筆できたのは，第一線で最新の研究成果を公開なさっている優秀な，特に若手の研究者の方々のおかげです。本書序章から第7章には井澤龍先生（東京都立大学），第4章には大神正道先生（名古屋市立大学），第6章には橋野知子先生（神戸大学）からコメントを頂きました。第7章は，エコノミクスデザイン社の配信サービスで同社の今井誠さんと安田洋祐先生（大阪大学）からご助言を賜りました。同じく第7章に関しては松田琢磨先生（拓殖大学）をはじめ日本海運経済学会（関東部会）の皆様から頂いたコメントが頼りとなりました。ここに記して謝意を表したいと思います。

　本書の原型は筆者の勤務先（名古屋市立大学経済学部）での2022年度担当科目「インセンティブの経済学」の授業ノートです。授業中，あるいは授業後，気になる点や感想を教えて下さった学生さんたちに感謝します。加えて，酒匂みずほさんや榎本涼子さんをはじめ勤務先の図書館職員の皆さんには大変お世話になりました。日本証券取引所グループ東京証券取引所金融リテラシーサポート部の皆様にも，資料調査など寛大にご対応頂く機会を賜りました。

　新世社の御園生晴彦さんは，忍耐強く，原稿に対し温かい励ましのお言葉をかけて下さいました。同社の菅野翔太さんは丁寧に編集作業にもあたられました。厚くお礼申し上げます。

　最後に，日頃から筆者を支えてくれている家族（妻・娘・息子）に感謝します。

2024年9月

名古屋の研究室にて　横山　和輝

目　次

序　章　本書の視点　1

- 0.1 明治維新と殖産興業 ………………………………… 2
- 0.2 インセンティブ ……………………………………… 5
- 0.3 エビデンス，理論，およびエピソード …………… 8
- 0.4 ゲーム的状況 ………………………………………… 10
- 0.5 本書の構成 …………………………………………… 13

第 1 章　なぜ記録を残すことが重要か？　17
：伊藤八兵衛の訴訟問題

- 1.1 伊藤八兵衛とウォルシュ・ホール商会 …………… 18
  - 1.1.1 伊藤八兵衛 …………………………………… 18
  - 1.1.2 ウォルシュ・ホール商会 …………………… 21
  - 1.1.3 共同事業 ……………………………………… 24
- 1.2 エンフォースメントの不完全性 …………………… 28
  - 1.2.1 契約のエンフォースメント ………………… 28
  - 1.2.2 交換の形態とエンフォースメント ………… 31
  - 1.2.3 制度の経済分析 ……………………………… 34

第 2 章　どうすれば従業員の努力を最大限に活かせるか？　39
：職工誘拐事件

- 2.1 鐘紡職工誘拐事件 …………………………………… 40
  - 2.1.1 紡績業と鐘紡 ………………………………… 40
  - 2.1.2 職工誘拐事件 ………………………………… 41
  - 2.1.3 職 工 待 遇 …………………………………… 46

iii

2.2 労働のインセンティブ ………………………………… 51
2.2.1 参加制約とインセンティブ整合性 ………… 51
2.2.2 適切な努力水準 ………………………………… 52
2.2.3 就学年数と勤続年数 …………………………… 57

第3章 どうすれば事業を大きくできるか? 63
: 三井合名

3.1 三井家の同族ビジネス ……………………………… 64
3.1.1 三井家の源流 ……………………………… 64
3.1.2 三井銀行,三井物産,および三井鉱山 ………… 66
3.1.3 三井家憲と三井合名 ……………………… 70
3.2 株式会社の経済学 ………………………………… 77
3.2.1 所有とコントロールの分離 ………………… 77
3.2.2 所有と経営の分離 …………………………… 80
3.2.3 事業の規模と範囲の拡大 …………………… 83

第4章 どうすればイノベーションを実現できるか? 89
: 東京製綱

4.1 東京製綱のワイヤロープ開発 …………………… 90
4.1.1 ワイヤロープ ……………………………… 90
4.1.2 東京製綱の創業 ……………………………… 92
4.1.3 ワイヤロープ製造の開始 …………………… 94
4.2 イノベーション …………………………………… 99
4.2.1 研究開発のモチベーションとインセンティブ …… 99
4.2.2 知の探索と知の深化 ………………………… 103
4.2.3 イノベーションと市場 ……………………… 108

第5章 どうすれば経営者の不正を防げるか? 113
: 日糖事件

5.1 大日本製糖と日糖事件 …………………………… 114
5.1.1 日 糖 事 件 ……………………………… 114

　　　　5.1.2　大日本製糖のダークサイド ·················· 116
　　　　5.1.3　規律とルール ·················· 120
　　5.2　非対称情報問題としてのモラルハザード ·········· 125
　　　　5.2.1　モラルハザード ·················· 125
　　　　5.2.2　インセンティブの歪み ·················· 127
　　　　5.2.3　怠慢と浪費 ·················· 130

第6章　どうすれば買い手の信頼を得られるか？　135
　　　　　：生糸商標

　　6.1　レモンだった生糸 ·················· 136
　　　　6.1.1　隠された品質 ·················· 136
　　　　6.1.2　品質改善 ·················· 140
　　　　6.1.3　信頼回復 ·················· 142
　　6.2　隠された性質 ·················· 148
　　　　6.2.1　逆選択 ·················· 148
　　　　6.2.2　スクリーニングとシグナリング ·········· 152
　　　　6.2.3　非対称情報の解消 ·················· 154

第7章　どうすれば市場の機能不全を防げるか？　159
　　　　　：独占と寡占

　　7.1　海運業の独占と複占 ·················· 160
　　　　7.1.1　岩崎弥太郎の郵便汽船三菱 ·········· 160
　　　　7.1.2　共同運輸の設立経緯 ·················· 162
　　　　7.1.3　郵便汽船三菱と共同運輸の競争 ·········· 165
　　7.2　独占と寡占 ·················· 170
　　　　7.2.1　独占 ·················· 170
　　　　7.2.2　囚人のジレンマ ·················· 173
　　　　7.2.3　寡占市場 ·················· 176

参考文献 ·················· 181
索　引 ·················· 196

序章

本書の視点

　本章は，本書全体のキーワード，殖産興業，インセンティブ，さらにはコーディネーションといった言葉の意味合いについて説明します。
　本章の要点は次の2点です。
■欧米諸国との対等な関係を目指すなかで，明治政府は眼に見えて明らかな経済面での変化を達成するために殖産興業を政策目標に掲げた。
■本書は，明治時代の日本経済は産業化を達成したものの，その道のりが決して円滑ではなく試行錯誤の繰り返しであることをインセンティブ，あるいはコーディネーションといった切り口から描く。

0.1　明治維新と殖産興業

▶ 安政の五カ国条約

　1858（安政5）年に徳川政権は，アメリカ・オランダ・ロシア・イギリス・フランスとの修好通商条約にサインしました。これらの条約は，安政の五カ国条約とも不平等条約とも称されます。19世紀においては，これらの国々がアジア諸国に対して相手国を不利な立場に置く条約を結ばせることは珍しいことではありませんでした。

　安政の五カ国条約で不平等とされた条項は2つあります。一つは相手国が日本に対し領事裁判権を認めさせた内容です。領事裁判権を認めたということは，例えば日本人とアメリカ人との間で生じたトラブルに関して日本ではなくアメリカの総領事が裁判官となることを意味します。日本人は不利とされました。慣れ親しみのない外国の法律で裁かれることになるのですから，日本人は違和感を覚えることになります。この条項は，1894（明治27）年の日英通商航海条約から順次撤廃されることになります。

図 0-1　安政の五カ国条約

1859（安政6）年に刊行された五カ国条約の条文ならびに税則等を記した版本。左から，オランダ，アメリカ，ロシア，フランス，イギリス。
（画像：横浜開港資料館所蔵）

不平等とされたもう一つの条項は，日本の関税自主権が相手国に認められなかったことです。日本の関税自主権が認められないということは日本への輸入品価格は安く設定されることになります。当時の主要な輸入品は毛織物や綿織物ですが，これらの産品についていえば在来の衣料品の生産・販売に従事する人々が不利な立場に立たされるわけです。関税自主権が完全に回復するのは，1911（明治44）年の日米通商航海条約の発効以降です。

　近年の研究では不平等と言い切れない側面が指摘されることもありました（第1章参照）。とはいえ安政の五カ国条約は，総じて日本にとっては不平等な条約であると考えられています（佐々木，2022）。そもそも朝廷は条約締結を認めませんでした。にもかかわらず，徳川政権がサインしたことで日本が認めた格好となったのです。ただし徳川政権は，清国が結ばされた天津条約のような，外国人による国内での通商の自由を一貫して拒否しました。日本の開国は他のアジア諸国とは一線を画すことはできたのです。それでもなお，不平等条約の改正は日本の重要な政策課題となったのです（石井，1991；井上，2006；武田，2019）。

　不平等条約を改正するためには，欧米各国が「日本は我々と対等な国だ」と認める必要がありました。ここでいう対等な関係とは，少なくとも2つの側面から理解しておく必要があります。まず第1に，欧米各国から見て文明国とみなされる政治体制を築くことが必要となったのです。この側面における条約改正の道のりは，大日本帝国憲法のもと帝国議会を開設して立憲君主制を確立したこと，および民法・商法あるいは刑法のもとで司法制度が確立したことをもって達成されます。

　日本と欧米各国との対等な関係を築くための第2の側面は，経済の話です。明治政府の主なメンバーは，欧米各国の都市の光景を目の当たりにしています。例えば伊藤博文や井上馨はイギリスに渡航しています。イギリスでの産業革命（industrial revolution）とも称される経済面の変化は，文字通り先駆的でした。駅と駅の間を鉄道が走る，夜の街角がガス灯で明るい，道路や水道施設が整備されている，さらには大規模な機械工場が建てられている，こうした光景は日本とは大違いのものです。

日本が欧米各国と対等な関係を築くには，ビジュアル面での違いを克服する必要がある，と明治政府のメンバーは痛感していたのです。

▶ 明治政府のスローガン「殖産興業」

明治政府が経済面での変化のために掲げたスローガンが**殖産興業**です。「殖」は増やす，「興」は起こす，もしくは盛んになることを意味する字です。殖産興業という言葉そのものは，明治政府のオリジナルというわけではありません。例えば1869（明治2）年に駿府藩で商法会所を創設した渋沢篤太夫（渋沢栄一）は，同所の創設理念として藩内の「興業殖産」を掲げました（渋沢青淵記念財団竜門社，1955）。この言葉が，1880年代になると明治政府内での政策用語として用いられるようになったのです（小岩，1971）。

人物紹介
渋沢栄一（しぶさわ えいいち）

（画像：『渋沢栄一伝記資料』別巻第10写真，p.44
（大蔵省出仕時代（明治5年頃：第3章 p.67参照）））

1840年武蔵国榛沢郡血洗島村（現 埼玉県深谷市血洗島）に生まれる。徳川慶喜に仕えた後，大蔵省・民部省の官僚を経て実業家に転身。篤太夫あるいは篤太郎と名乗っていた時期もある。1931年没。

明治政府の産業育成は徳川政権の工業部門を取得したことに端を発し，1870（明治3）年の工部省創設以降に本格化します（石井，1991）。鉄道さらには鉱山を中心に各部門の官営工場が設置されます。官営方式の産業育成は限界を見せます。そこで官営工場が次々と財力のある実業家に払い下げられることになります。こうした払い下げを通じて，つまり民間部門は大規模な設備の買い取りを通じて工業部門への進出と拡大を進めていくのです（第2章・第3章・第4章参照）。

明治政府には，1人当たり所得に関する政策目標を打ち立てる発想がありません（この点では戦後昭和の，池田勇人内閣による「国民所得倍増計画」は画期的と言えます）。国民所得に限らず，具体的な数値目標が掲げられたわけではないのです。明治政府は，ビジュアル面での日本経済と欧米各国の経済との違いを痛感しながらも，漠然としたイメージでしか「殖産興業」を掲げざるを得ませんでした。

　とはいえ国民所得データを参照してみると，長期的な経済成長を達成していることが分かります。1934（昭和9）年から1936（昭和11）年時点での貨幣価値を用いて日本の1人当たりGDP（国内総生産）の長期データを推計した研究があります（深尾・攝津・中林，2017，付表2）。この研究成果によると，日本の1人当たりGDPは，1874（明治7）年で116.1円，1912（明治45）年では174.8円です。明治初期から明治末年までの間に1人当たりGDPが1.5倍に成長したことになります。

　本書はこうした長期的な経済成長の達成を便宜的に産業化と呼んでおきます。この経済成長が円滑に進展したものであるのか，それとも何らかの紆余曲折を経て達成されたものなのかは，経済の歴史を把握する上ではもちろん，現代における開発経済学の視点からも重要な切り口となります。

　本書は，産業化の局面における様々な試行錯誤を題材として，経済学的な意味を学習します。それら試行錯誤について考えるキーワードが，**インセンティブ**（incentive）です。

0.2　インセンティブ

▶ インセンティブは刺激

　インセンティブは「人の意欲を引き出すために与える刺激」です（中室，2015）。英語のincentiveは，ラテン語のin（〜の内面へ）とcantus（歌）が語源です。「歌う気分にさせる」というニュアンスのように「その気にさせる」という意味が備わっているのです。「インセンティブを

与える」という表現は「ハートに火をつける」とも言い換えられます（横山，2018）。

インセンティブの日本語訳ですが，1950年代には心理学や経営学の文献で「刺激」，「誘因」，あるいは「誘引」と訳されていました。この専門用語はビジネス分野にも広く紹介され議論されるようになります。例えば1960年代には雑誌『実業の日本』（実業之日本社）のなかで「インセンティブ賃金（刺激給）」という言葉を掲載した記事が散見されます。刺激と同時に「誘因」もまたインセンティブの訳語として定着します。近年ではナッジ（つつくようにそっと仕向ける）という経済学用語もあります。両者を便宜的に区別するなら，インセンティブは「あからさまな刺激」と言えます。本書では，カタカナでインセンティブとしておきます。

ビジネス現場では「インセンティブは出来高給のこと」と捉えられることも少なくありません。確かに出来高給はハートに火をつけるかもしれませんが，それ以外にもハートに火をつける要素はあるはずです。お給料がもらえるなら固定給にもそれなりのインセンティブを与える役割がありそうです（第2章および第4章参照）。奨学金制度も，何らかの事情で経済的に困窮している家庭でも学校に通って勉強できるようハートに火をつける点で，インセンティブ面の工夫と言えます。ピアノを弾いた小学生にとって，母親から「上手ね！」と言われたその一言がハートに火をつける，といったことも十分に考えられます。

インセンティブに関する経済学の考え方は，「成果主義」とはまるで異なります。ここでいう成果主義とは，より多くの成果を出した相手により多くの報酬を与える（成果を出さない相手には低額な報酬しか与えない）考え方のことです。実際，ビジネス現場でも成果主義は問題視されています。成果につながらないような，それでいて大事な作業が組織内でおろそかになってしまうからです（城，2004）。

本書の後半では，インセンティブの歪み，あるいは「歪んだインセンティブ」という表現が随所に現れます。インセンティブを活用する際には，様々な壁にぶつかります。本書はそうした壁とその乗り越え方に関

して，歴史，理論および実証の3つの研究領域の成果を判断材料としてお示しします。

▶ モチベーションとインセンティブ

では，どのようなインセンティブでハートに火をつければ良いのか，この問題は多くの人々が思案するところでしょう。

先ほどから「ハート」という言葉を使いましたが，この言葉は**動機**（motivation）つまりモチベーションとも言い換えられます。動機は一つには内発的に生じます。例えばある小学生が「お父さんは私のことを弁護士にしたいみたいだけど，私はピアニストになりたい」と思ってピアノを勉強したいと思えば，ピアノの練習に向ける彼女のハートは**内発的動機**（intrinsic motivation）です。本書ではこの内発的動機をモチベーションと呼ぶことにします。

動機にはもう一つ，**外発的動機**（extrinsic motivation）もあります。先ほどの小学生に関して，母親が「夫は娘を弁護士にしたいようだけど娘はピアニストになりたがってる，それなら私は娘がピアノの練習に専念できるように夫を説得し，信頼できるピアノ教室に通わせてあげたい」と決意したとします。その結果，有言実行の母娘の努力でお嬢さんが素晴らしい音楽家へと成長することでしょう。母親は小学生時代のお嬢さんのハートに火をつけたことになります。お嬢さんに対して外発的な動機づけとして与えられたる刺激こそ，インセンティブです。

誰かが「お宅のお嬢さんは毎日ピアノを熱心に練習してらっしゃいますね」と褒めるとき，その熱心さが内発的なものか外発的なものかは区別することは難しいはずです。つまり客観的には内発的動機つまりモチベーションと外発的動機は区別しづらいものです。ただし，当人とは独立した意思として刺激が与えられたか，あるいは何らかの誘因が存在したかどうかは比較的観察が楽になります。本書は，熱心さや情熱といった内発的動機とは別個のものとして，歴史上のインセンティブ面での試行錯誤について経済学の視点から解説します。

0.2 インセンティブ

7

0.3 エビデンス，理論，およびエピソード

▶ 原因と結果の結びつき

インセンティブについて議論する際に 1 つの大きな問題となるのが効果あるいは結果の問題です。「明治時代にはその方法で上手くできたかもしれないが，現代でも同じ議論が通用するのか？」。こんな疑問をお持ちの方々は少なくないでしょう。この問題はインセンティブを議論する上で極めて重要です。

インセンティブを与える目的で工夫したことが，本当に相手のハートに火をつけることに成功したのか，それとも相手の意欲には何の影響も与えずに自己満足に終わるのかは大事な分かれ道です。両者をしっかりと区別するためには因果関係が成立するだけでなく，その因果関係が保証されなくてはなりません。

近年では原因と結果の関係を明らかにする方法論として**因果推論**（causal inference）が開発されています。因果推論は，もともと医学研究の分野で科学的根拠に基づく医療（evidence-based medicine）を目指すものとして切り拓かれました。こうした伝統的な流れは，経済学の実証研究でもさらに引き継がれて応用されています（中室・津川，2017；大塚・黒崎・澤田・園部，2023）。

因果推論をめぐる様々な手法が開発されたことで，経済学でも**エビデンスベースの政策提言**（evidence-based policy making）が重視されつつあります。エビデンス（evidence）は証拠，もしくは根拠を意味します。経済学者のエビデンスをめぐる研究成果が，経済政策や企業経営の現場はもちろん，医療分野に逆輸入する動きさえ生まれました（大竹・平井，2018；大橋，2020；上野・星野・安田・山口，2022；杉谷，2024）。かつては「机上の空論」とからかわれた経済学は，こうした経緯のなかであらゆる研究者の努力のもと，改善されつつあるのです。

因果推論においてエビデンスベースという場合には，期待される具体

的な効果があることを指します。特定の事例に限定された効果ではなく，他の事例に関しても妥当な証拠が求められているのです。こうした妥当性を**外的妥当性**（external validity）と呼びます。客観的証拠，科学的根拠というためには，外的妥当性のある効果の測定が求められるのです。法則性，あるいは再現性が求められてくる，と言い換えることもできます。法則性と再現性が重視されるからこそ，実証と理論のバランスが鍵となります（伊神，2018；伊藤・小林・宮原，2019）。エビデンスベースは統計データ重視ではありますが，理論重視でもあるのです。

▶ エビデンスベースとストーリー語り

政策論議の現場は，エビデンスベースな主張だけではなく，ストーリー語りも求められます。人間は具体的な文脈があると記憶に残りやすいのです（Evans, Newstead, and Byrne, 1993）。経済学者ロバート・シラー（Robert Shiller）は，人々の口伝えで広まるストーリー，つまりナラティブ（narratives）が経済や社会の先行きに無視できない影響を与える点に注目しています（Shiller, 2019）。

エビデンスベースの政策提言に際しても，ストーリーを提示することは多いに役立つものと期待されます。ベストセラーとなった Acemoglu and Robinson（2012）や Piketty（2014）は，具体例となる歴史上のエピソードが豊富です。何らかの企てや工夫を実際に試みた場合にどんな結果が待っているのかについて，現実的な生々しさが求められてくるのです。

もちろんストーリー語りには注意が必要です。ストーリー語りに際して，いわゆる「ウケ」をねらう論者がアカデミックな裏打ちのない論説を振りかざすことがあります。例えば心理学の世界ではポップな心理学（大衆受けする心理学）とアカデミックな心理学との違いがかねてより問題視されています（佐藤・尾身・渡邊，1994）。SNS や Web 配信番組，さらにはテレビや新聞雑誌などで科学的な知見に基づいていない情報が心理学と称されて流行しているというのです。こうした流行の影響で一般の人々の心理学に対する認識が実際の心理学と離れてしまいます。こ

のギャップをいかに埋めるかが心理学教育の課題の一つとなっています（楠見，2018）。ストーリー語りは「アカデミックな成果に裏打ちされた」ナラティブを目指すべきなのです。データの改ざんや捏造が容易になり，さらにそうしたデータを拡散させることも容易となった昨今にあって，実際の記録に接近して史実を再構成するプロセスやそのための訓練は，事実に誠実であろうとする限りいっそう重要になっています。

本書では各所で史料を提示します。多くの場合，読みやすさを優先して旧字体を新字体に変換したり，現代的な仮名づかいに修正したりしています。今一度，引用元の文献をチェックしながら事実関係を再確認して頂ければと思います。実のところ，この再確認の作業や，史料の内容の精査こそ，歴史研究の基礎トレーニングなのです。

0.4 ゲーム的状況

▶ ゲーム理論

本書は，理論的に裏打ちされたストーリー語りとして殖産興業の時代におけるエピソードを紹介します。その際に経済学の理論を引き合いに出すのですが，複数のエピソードに関して**ゲーム理論**（game theory）の基本的な考え方を取り上げます。

ゲーム理論は，意思決定の当事者をゲームのプレイヤーとみなすことで発展した学問体系です。ゲーム理論の考察対象はゲーム的状況です。ゲーム的状況とは，プレイヤーそれぞれの戦略の組み合わせによってプレイヤーの利得が変わります。じゃんけんであれば，自分がグーを出すかどうかで勝敗が決まるのではなく，グーを出したときに相手が何を出すかによって自分の勝敗が変わります。

表 0-1 は**コーディネーション・ゲーム**（coordination game）と呼ばれるゲーム的状況を示します。妻と夫の 2 人が「娘を弁護士に」するか「娘をピアニストに」するかの二者択一を決めようとする場面を想定しています。つまり 2 人がプレイヤーであり，2 つの選択肢が戦略です。

表0-1　コーディネーション・ゲームの事例：娘に対する親の指針

夫の戦略と利得（右側）

		娘を弁護士に	娘をピアニストに
妻の戦略と利得 （左側）	娘を弁護士に	(1, 2)	(0, 0)
	娘をピアニストに	(0, 0)	(2, 1)

　夫は弁護士に，妻はピアニストにさせたがっているものとします。

　2人の戦略の組合せによって2人の利得，いわばポイントが変わります[*1]。2人の戦略が一致すれば利得はいずれも正の値（夫婦ひいては家族の幸せ），一致しなければ利得はいずれも0（家庭内不和）です。夫婦2人とも娘を弁護士にさせたがる場合は，2人とも利得は正ですが，妻の利得が1なのに対し夫の利得は2です。夫の希望が通っているからです。夫婦2人とも娘をピアニストにさせたがる場合は，妻の利得が2なのに対し夫の利得は1です。こちらは妻の希望通りとなっています。このゲームにおいて，夫が「娘を弁護士に」育てる姿勢を譲らないならば，妻が「娘をピアニストに」育てようとすると2人の利得は0になります。妻がピアニストに育てる姿勢を譲らない限り，夫が弁護士に育てようとしても同様です。

　ゲーム的状況では**ナッシュ均衡**（Nash equilibrium）という戦略の組み合わせが関心事となります。ナッシュ均衡とは，「『他のプレイヤーの戦略が変わらない限りは自分に戦略を変えるインセンティブがない』という状態がどのプレイヤーについてもあてはまる戦略の組合せ」のことです。つまり2人とも戦略を変更するインセンティブがない状態を探す

[*1]　利得の0, 1, 2はプレイヤー当人にとってその状態が他の状態に比べてどの程度優先的であるかを示すための便宜的なものです。この設定は当然ながらリアリティに欠けますが，議論を単純化するための手続きでもあります。リアリティを取り戻すにはさらに複雑な数式を活用することにもなりますが，本書では割愛します。

ことがゲームを解く鍵となります。

　表0-1の場合，2人が相手と同じ戦略を選ぶ組み合わせ（2人とも娘を弁護士に育てる，もしくは2人とも娘をピアニストに育てる，という2つの状態）がナッシュ均衡です。夫が「娘を弁護士に育てたい」と譲らないならば，妻はピアニストに育てるという戦略を諦めざるを得ません。妻が「娘をピアニストに育てたい」と譲らない場合，夫は弁護士に育てるという戦略を諦めざるを得ません。表0-1はそうしたよくある風景を描写しているにすぎません。ですが，話はここで終わりません。

▶ プレイヤーだけで着地点が見出せないときに

　コーディネーション・ゲームは，ナッシュ均衡が複数存在するためプレイヤーどうしのコーディネーション，つまり「同調」がなければ**着地点**（focal point）が定まらないゲーム的状況のことです。解決策として，1つには2人が歩み寄ることですが，外生的要因，つまりゲームの枠組みからすれば外側の要因によって着地点が定まることもあります。それこそ，当のお嬢さんが「私は絶対にピアニストになるの！」と説得し，毎日の練習を通じて腕が上達したさまを聴かせて説得するあらすじも考えられます。この場合，お嬢さんの強い意志が両親を動かすこととなり，着地点を定めるのです。

　外生的要因によって同調を促す例として，ファッション業界の流行色も挙げられます（川西，2009）。服を着る人をプレイヤーに，服を「買う」もしくは「買わない」のどちらかを戦略に，それぞれ見立てておきましょう。誰がどんな色の服を着ようと，自由なはずです。ここでファッション業界が仕向けたいのは，プレイヤーに毎年「買う」を選んでもらうことです。流行色は，プレイヤーの誰もが同じ年に同じような色を，しかも毎年別々の色の服を買ってもらうように仕向けるコーディネーションの手段なのです。

　誰もが流行色の服を着るのは集団的な同調行動です。一方で，流行に反した服を着た人に対して，「お前まだその色の服を着てるのかよ，ダセぇな」とからかうような言動は，同調圧力そのものです。だからとい

って何らコーディネーションが成功しなければファッション業界は苦境に陥ります。ファッション業界は，流行色をブームとして仕掛けることが同調圧力にならないよう，多様性を前提とした配慮と工夫が期待されてきます。

　企業，あるいは家計など，経済活動における経済主体，いわばプレイヤーの行動については，当事者だけでは円満に解決できないことも生じます。例えば政府あるいは業界団体が第三者として何ができるかが問われてきます。どんな配慮が必要で，どんな工夫が現実的で，さらにどんな円満な策があるか，考える場面が多々あります。だからこそ問題をゲーム的状況として描写することで，客観的に第三者の目線を投げかける意義があるのです。

▶ 経済学の視点で歴史を学ぶ

　ゲーム理論によるゲーム的状況の考察が顕著ですが，視点がないと解決策はもちろん，そもそも何が問題なのか，問題の本質さえ見出しづらくなります。理論研究はその見出すコツをシンプルに解き明かしてくれます。史料に残された事実関係を歪めることはできませんが，視点がなければ史料は読めません。こうした着眼から，本書は史実のエピソードを経済学の基礎と照らし合わせて解説することになります。

0.5　本書の構成

▶ 7つのエピソード

　第1章「なぜ記録を残すことが重要か？：伊藤八兵衛の訴訟問題」では，日本人商人とアメリカ商社との間で生じたビジネス訴訟について取り上げ，記録を残すことの重要性についてフォーカスします。正確な記録を残す手間を惜しんでしまったことが，日本人商人にとって不利となる判決をもたらしました。第1章を通じて，裁判制度と経済発展の関係をめぐる経済学の基礎について学習します。

第2章「どうすれば従業員の努力を最大限に活かせるか？：職工誘拐事件」では，鐘ヶ淵紡績の職工引き抜き問題を取り上げます。同社はキャリアを積んだ他社の従業員を積極的に引き抜いていたのです。同業者組合として結成された中央綿糸紡績業同盟会は，同社の引き抜きを「職工誘拐事件」として問題視します。第2章ではこのエピソードを通じて，会社が従業員に働かせるインセンティブの与え方について学習します。

　第3章「どうすれば事業を大きくできるか？：三井合名」は，三井グループの形成プロセスを学びます。三井家は徳川時代から一族で数々の事業に取り組んでいました。商法制定など財産権や所有権をめぐって抜本的な制度改革が実施されるなか，一族は事業のあり方を見直すことになります。第3章では事業の所有者がコントロール役を果たし，経営者がマネジメント役を果たすという分業体制の重要性に着目しつつコーポレート・ガバナンスに関する経済学の基礎を学習します。

　第4章「どうすればイノベーションを実現できるか？：東京製綱」は，東京製綱においてワイヤロープが開発されるプロセスについて学びます。麻製のロープについての技術進歩，さらにはワイヤロープ開発が実践されるまでのプロセスを通じてイノベーションとコーポレート・ガバナンスとの関係について学習します。

　第5章「どうすれば経営者の不正を防げるか？：日糖事件」は，製糖業や産業界を超えて政界まで揺るがした汚職事件，日糖事件について取り上げます。この事件は，あらゆる不正経営が繰り返されていたなかで生じた贈収賄事件です。第5章では，隠れた行動（hidden action）と呼ばれる問題について学習します。

　第6章「どうすれば買い手の信頼を得られるか？：生糸商標」は，経済学でいう「レモン（lemons）」の例として，明治時代の主力輸出品であった生糸を取り上げます。価格を見ても品質の良し悪しが判別できない財を経済学ではレモンと呼びます。生糸に限りませんが，明治時代には粗製濫造という深刻な問題が生じていました。この問題がいかに克服されたか，つまり生糸についていかにして粗製濫造の問題が解決されたのかを，生糸商標の成立プロセスから学習します。

第7章「どうすれば市場の機能不全を防げるか？：独占と寡占」は明治時代の海運業を取り上げます。岩崎弥太郎の率いる郵便汽船三菱が海運業を独占したことで弊害が生じたこと，さらに，事態改善を図って渋沢栄一の率いる共同運輸が新規参入を果たしたはずが，さらに問題が生じたことを学びます。第7章を通じて，独占と寡占の問題点を学習します。

▶ 史実の把握とシンプルな理論での説明

　明治時代の産業化局面においては，個々の企業でインセンティブやコーディネーションの問題を克服するための試行錯誤が繰り返されました。従業員のコーディネーションに奏功した成長企業も登場しますが，一方で，制度整備としては限界が見られることも見逃せない点です。制度整備が不十分なため，企業の取り組む事業が失敗しただけでなく，その失敗を隠されてしまうことで裏切られる人々も現れます。インセンティブを切り口とすることで，企業ごとにバラバラな足並みで進んだ，いわばふぞろいな様相が浮き彫りとなるのです

　本書は，経済学的な接近を通じて，明治時代のふぞろいな産業化を描きます。経済学のベーシックな理論を通じて，個々のエピソードの特徴が浮き彫りになります。と同時に，史実を把握することは，シンプルな理論での説明にもつながるのです。

ゼミナール課題

課題1
　あなたが親戚の小学生に勉強を教えることになったとします。この小学生の学習意欲が高まる（低くならない）ようにするためにはあなたはどんなことに気をつけると良いでしょうか，論点を整理して答えて下さい。

課題2

次の表は，鹿狩りゲーム（stag hunt game）と呼ばれるゲーム的状況を示しています。2人のプレイヤー（Player 1 および Player 2）は狩人です。戦略は鹿を狩るか，それともウサギを狩るかのどちらかです。鹿を狩るためには2人の協力が必要です。2人とも鹿狩りを選ぶと利得としてどちらも2を得ますが，一方がウサギを狩る場合は鹿を狩ることができずこの場合鹿を狩ろうとした狩人の利得は0となります。ウサギを狩る場合は相手がどちらを狩ろうと利得は1です。このゲームにおけるナッシュ均衡となる組み合わせをすべて答えて下さい。さらに，誰かとペアを組んで互いに Player 1 および Player2 として相手の戦略が見えないようにして同時に戦略を示し合うゲームを複数回試行し，それぞれの状態の実現頻度を整理して下さい。

		Player 2	
		鹿を狩る	ウサギを狩る
Player 1	鹿を狩る	(2, 2)	(0, 1)
	ウサギを狩る	(1, 0)	(1, 1)

第1章

なぜ記録を残すことが重要か？
：伊藤八兵衛の訴訟問題

　本章は，ビジネス現場で記録を残しておくという，一見当たり前の手続きの意義を掘り下げます。第1節では1870年代に開港場の横浜で生じたビジネス訴訟を，第2節では契約を守らせる仕組みの重要性を説明します。
　本章の要点は次の2点です。
■伊藤八兵衛は，ウォルシュ・ホール商会とのビジネス訴訟において，契約あるいは取引に関する記録をとらなかったことから主張が認められず，敗訴した。
■エンフォースメント，すなわち契約に違反した場合に第三者機関に訴えることができる仕組みが機能するかどうかは，法律やルールが定められるだけでなく，法律やルールが適切に運用されるかどうかに依存する。

1.1 伊藤八兵衛とウォルシュ・ホール商会

1.1.1 伊藤八兵衛

▶ 日本人商人に対する評判

　本章で取り上げるエピソードの性格づけとして前置きしておきたいことがあります。開港当時の貿易を支えた日本人商人に対する外国商人の評判は，決して良いものではなかったのです。

　1859年7月（安政6年6月），横浜港が開港します。横浜港は江戸に近いことから相当な規模の貿易額となることは明らかでした。売込商（輸出商）にせよ，引取商（輸入商）にせよ，膨大な量の輸出入品の売買を仲介する商人が必要になります。このチャンスにあやかろうと，一攫千金を夢見た人々が一挙に横浜に押し寄せます。こうした，スタートアップの商人が横浜貿易の担い手となります。しかし，開港当時の横浜に集った商人には，商業に必要な知識や作法を体得していない者や，あるいは現場で実践しない者が少なくなかったのです。契約不履行，あるいは偽装表示などの事例は少なくありませんでした。日本人の商業道徳の低さを問題視する声が外国商人の間で広まってしまうのです（木村，2014；ハンター，2014）。本章で取り上げる**伊藤八兵衛**も残念ながらそうした不手際を残した一人です。

▶ 伊藤八兵衛の才覚

　伊藤八兵衛は，武蔵国川越（現在の埼玉県川越市）で農業および質屋業を営む内田善蔵の子として生まれます。幼名は新之丞，さらに幾三郎といいました。幾三郎は転々と商家に奉公するなか，江戸の小日向（現在の東京都文京区小日向）にある質屋のもとに奉公に出るようになります。この質屋を経営していたのが七代目伊勢屋長兵衛です。「伊勢長」こと伊勢屋長兵衛は，初代が伊勢国（現在の三重県）の出身で小日向で

質屋を構え始めたのは五代目からのことです（岡崎, 2018）。幾三郎はこの質屋のもとで商才を発揮し，伊勢屋一族の伊藤八兵衛の婿養子として迎えられます。

　幾三郎の養父となった伊藤八兵衛は，陶器商と大名貸（大名を相手とする貸金業）を兼営していました。大名貸での債権回収が滞っており，ビジネスは停滞気味でした。伊藤八兵衛の死後，幾三郎が伊藤八兵衛を新たに名乗り，経営再建に着手します。

人物紹介
伊藤八兵衛（いとう　はちべえ）

（画像：国立国会図書館デジタルコレクション。篠田鉱造著『商界の奇傑』実業之日本社, 1902）

1816年武蔵国川越小ヶ谷村（現 埼玉県川越市小ヶ谷）に生まれる。幼名は新之丞，さらに幾三郎。幕末の豪商。五女の兼子は渋沢栄一の後妻となる。1878年没。

　伊藤八兵衛の再建手法は契約文書を活用するものでした。まず大名貸と陶器商のビジネスを区分します。この区分は取り立て役を男性に任せるためのものでした。大名貸については男性の番頭を起用して厳しく取り立てるようにし，女性たちには陶器販売に専念するように言いつける，といった役割分担が打ち立てられたのです。債権回収については，当時のことを知る人の回想をまとめた書物にその一端が記されています（**史料1-1**）。

[史料1-1] 伊藤八兵衛による大名貸の取り立て

「新八兵衛さまは，才気のあるかたですから，いろいろ考えた末，『これは死んでいる証文に物言わすよりほかはない，死んだ馬が屁を放る仕掛けが肝要』とばっかりに，各藩のお留守居に取込み，とうとう

の証文が息を吹き返すこととなったんですが，これが伊藤八兵衛様の一代の知恵を絞った策略で，壱万両からのお金を吸い寄せてしまったんだそうです」

（篠田，1997，20頁。一部，仮名・漢字・句読点を修正）

　文中の「死んでいる証文に物言わす」ことが，まさに伊藤八兵衛の契約文書の活用方法です。「留守居」とは，藩主が江戸藩邸に不在の期間においた役職のことです。この役職が公務に関する文書を管理していました。取り立ての相手が大名であれば，踏み倒される可能性もあります。「留守居」が相手であれば，公式の証文であることさえ認めさせれば返済してもらえるだろう，というのが伊藤八兵衛の読みだったのです。このエピソードが物語るのは，伊藤八兵衛が契約文書の効力を相当程度に認識するなど才覚を備えていたことです。

▶ 伊藤八兵衛と田中平八との出会い

　商品取引の場として米穀相場会所を創設したり，水戸藩の金銀貸付業の支配人を任されたりと，伊藤八兵衛はビジネスを展開します。その展開のなかで，田中平八という商人と親交を持つことができたのです。

人物紹介
田中平八（たなか へいはち）

（画像：Wikipedia（横浜市『横浜市史稿産業編』））

1834年信濃国伊那郡赤須村（現在の長野県駒ヶ根市）生まれ。幕末から明治にかけて横浜を拠点とした豪商。1884年没。

　田中は現在の長野県駒ヶ根市に生まれ，飯田城城下の魚屋に丁稚奉公

するところからスタートした商人です[*1]。彼は横浜開港をビジネスチャンスとして捉え，横浜を拠点としたビジネスを展開します。やがて田中は洋銀取引を仕切るようになります。

洋銀とはメキシコドルのことで，洋銀取引とは日本の銀貨とメキシコドルとを交換する取引です（洋銀取引の仕組みについてはコラム参照）。田中平八は洋銀取引を仕切るリーダー的存在でした。洋銀取引が田中の私邸の敷地内で行われていたこともあるほどです（Yokoyama, 2023）。

伊藤八兵衛は田中との出会いをきっかけに洋銀取引に乗り出します（篠田，1997，26頁）。この洋銀取引がもとで伊藤八兵衛は法廷闘争の場に立つことになります。この法廷劇は伊藤八兵衛の名を有名にしました。

もう一つ，彼の知名度を高めたきっかけがあります。彼の五女，伊藤兼子が渋沢栄一の後妻・渋沢兼子となるのです[*2]。兼子が渋沢の家に入ったのは伊藤八兵衛の死去から約4年半後，1883（明治16）年1月のことです（渋沢青淵記念財団竜門社，1960，57頁）。伊藤八兵衛は，渋沢の義父となったことから，ジャーナリストの関心事となりました。1895（明治28）年，雑誌『太陽』（博文館）の創刊号には「伊藤八兵衛伝」と題された記事が掲載されました。

1.1.2　ウォルシュ・ホール商会

▶ 開港をチャンスと捉えたウォルシュ・ホール商会

伊藤八兵衛が法廷で争った相手が**ウォルシュ・ホール商会**（Walsh, Hall and Company）です。ウォルシュ・ホール商会は，開港のチャンスに目をつけた商社として横浜開港と同時に創業しました。「ウォルシュ」はトーマス・ウォルシュ（Thomas Walsh）とジョン・ウォルシュ（John Greer Walsh）というニューヨーク出身の兄弟のことです。このうちジョンは長崎のアメリカ領事館の領事となります。アメリカでは彼

[*1]　幼少の身で商家の主人のいうことを聞いて働くことを当時の言葉で丁稚奉公と言います。

[*2]　伊藤兼子。1852年横浜の豪商伊藤八兵衛の五女として生まれる。1883年渋沢栄一の後妻となる。1934年没。

のように法律のエキスパートではないビジネスパーソンが商人領事（merchant consul）として採用されていたのです。

　ウォルシュ・ホール商会を支えたもう一人がアメリカ人のジョージ・ホールです。彼のビジネス拠点は横浜で，商館が横浜の居留地1番地に所在していたことから彼は亜米一とも称されました。ウォルシュ兄弟とホールの3人がウォルシュ・ホール商会を創設したのです。

　1871（明治4）年9月，ウォルシュ・ホール商会は伊藤八兵衛と共同事業を進めます。ここで伊藤八兵衛と交渉や取引を担当したのがロバート・アーウィン（Robert W. Irwin）です。アーウィンは同商会長崎支店長時代に三井物産の益田孝と接点を持つようになったことから三井物産の御雇い外国人とも称されました（木山，2013）。彼は日本語や日本の商慣習にも精通していました。アーウィンは伊藤の邸宅によく足を運んでいたようで，邸宅内では互いの愛人関係に関する大声でのジョークも飛び交っていたそうです（篠田，1997，29頁）。

人物紹介
ロバート・アーウィン（Robert Walker Irwin）

（画像：Wikipedia（英語版））

1844年アメリカ合衆国生まれ。実業家。1860年代末に来日，1870年ごろよりウォルシュ・ホール商会の貿易業務に携わるようになる。1925年没。

　アーウィンと意気投合した伊藤八兵衛は，ウォルシュ・ホール商会と共同事業に取り組むことになります。この両者が裁判で争うことになったのです。

　裁判の原告は伊藤八兵衛，被告人がウォルシュ・ホール商会です。1875（明治8）年9月から1876（明治9）年1月まで，全52回の審理

が行われました。判事はアメリカ総領事ビューレン（V. Buren）です。伊藤は，商会に対し伊藤自身に対する債務とその利子の合計として108,715.42 ドルの支払いを要求するとともに，商会への保証金として渡した 100,035 円の返金を主張します。商会側はこれらの主張を認めないだけでなく，伊藤の側が合計 32,706.15 ドルの債務を負っていると反論します。伊藤は陳述で債務を認めたものの，伊藤の弁護士ディキンズ（F. V. Dickins）はその証拠が不十分であると力説します。ですが，ディキンズが辞任を申し出たため，1876（明治9）年1月で結審となります。結審で伊藤は敗訴し，諸々の控除された部分を差し引いた上で商会に 31,291.59 ドルの債務を支払うよう言い渡されました。

▶ アメリカ領事による裁判の問題点

　伊藤八兵衛の訴えた民事訴訟は，訴えられたウォルシュ・ホール商会がアメリカ資本の商社なのでアメリカ人領事が裁くことになります。アメリカ人領事の裁判については2つの問題がありました。第1の問題は，専門知識を持たない人材が裁判に従事していたこと，第2の問題は報酬面についてです。

　第1の問題ですが，アメリカの領事は概して専門知識に精通していない商人領事で，居留地の日本人が不信や不服を抱きがちでした。後年の条約改正の準備段階において，日本政府が各国に商人領事裁判の見直しを求めたほどです（鈴木，2018）。ただし，アメリカ以外で日本と不平等条約を結んだ他の国々（オランダ・ロシア・イギリス・フランス）については，法律や条約の基礎を習得したエキスパートが公平に領事裁判にあたっていたことが知られています（森田，2005）。外交史研究においては，「安政の5カ国条約」が総じてどの程度の不平等を日本に与えたのか，あるいはそうでなかったのか，見直しも進みつつあります（佐々木，2022）。

　第2の報酬面の問題ですが，幕末から明治初期にかけて，アメリカ人が横浜で1年間暮らすのに必要な生活費が 3,000 ドルから 4,000 ドル程度でした。にもかかわらずアメリカの領事に支給されたのは 1,000 ドル

程度です（ホンジョー，2001）。この程度の支給額でアメリカの領事が生活できたのは，ジョン・ウォルシュもそうであったように多くがまさに商人だったからです。とりわけアメリカに関しては，十分な訓練を受けたとは言えない人材が，十分な金銭的インセンティブのない状況で，本業ではない業務として裁判を執り行っていたのです。不平等条約，ことにアメリカの領事裁判を掘り下げると，制度の運用面で改善の余地が見出されるものだったのです。

1.1.3 共同事業

▶ **なぜ商会と伊藤は手を組んだのか？**

伊藤八兵衛とウォルシュ・ホール商会は，石炭取引をきっかけとして提携しあうようになります。やがて双方は共同事業をスタートします。その共同事業こそ，洋銀取引の投機（値上がり後に売り抜けて売却益を得ることを見込んだ行動）でした。

1871（明治4）年，新貨条例が制定・施行されました。この条例で日本の通貨単位として「圓」つまり円が採用されたのです。この新しい通貨の価値は，1円＝1ドルと設定されましたが，外国商人にとって円の価値はそう簡単には信用できないものでした。円の価値に不信を抱く外国商人のなかで，リスクヘッジ（保険つなぎ）として，洋銀取引が注目されました。

しかし，外国商人にとって，洋銀取引は不透明でした。洋銀取引を仕切っていたのは田中平八でしたが，田中は日本人商人が不利になった局面で気まぐれに取引ルールを変更してしまうことがあったのです（株式会社日本取引所グループ，2017；Yokoyama, 2023）。外国商人からすれば，こうした取引の場は安易に関わることはできません。ウォルシュ・ホール商会は，伊藤八兵衛を味方しておくことでその不安を払拭しようとしたのです。一方の伊藤八兵衛も，資金力のあるウォルシュ・ホール商会を味方にできる点にメリットを見出すことはできました。

1871（明治4）年9月，商会と伊藤は洋銀取引を共同事業としてスタ

ートします。商会はロバート・アーウィンに取引帳簿の管理を任せました。伊藤は中村惣兵衛という商人にも声をかけており，三者が共同で洋銀取引に参加することになります。この三者は損益について，中村が3，商会が2，伊藤が1の比率で分け合うものと口約束を交わします。後年の裁判で，伊藤はこの洋銀取引の保証金として100,035円を商会に渡したと陳述しています。

▶ 商会と伊藤の亀裂

　裁判で争点となったのは，洋銀取引をめぐる共同事業が終わったタイミングです（ホンジョー，2001）。両者共同での洋銀取引は，1871（明治4）年10月，つまりスタートから1ヶ月ほどで損失が生じました。その後の数ヶ月間においても双方の間に洋銀取引とは別の取引がいくつか続いた点は，伊藤も商会も見解が一致しています。一致しないのは，洋銀取引についても協力関係が継続していたかどうかについてです。

　伊藤と商会の間では，伊藤が関わる水戸藩との取引など，金銭の授受は1874（明治7）年まで継続します。この点は双方とも見解が一致しています。ただし商会は，洋銀取引に関する共同事業については，損失を挽回することができないと分かった時点で撤退したと主張しました。ところが，伊藤も商会も，いつの時点で損失が生じたか，収支計算をせずにいたままだったのです。ここで認識のズレが生じます。商会の言い分は，洋銀取引からの撤退をもって伊藤との共同事業が終わったとします。一方，伊藤は金銭の授受が行われたことからビジネス関係は継続中だと主張したのです。商会から伊藤に金銭が渡された際，商会は自らの債権つまり伊藤の債務として差し出したというのです。一方の伊藤は，共同事業のための資金を受け取ったと捉えました。したがって伊藤からすれば，このお金は返済義務のない資金と思えたのです。

　商会から伊藤への金銭支払いが出資なのか貸し付けなのか，この認識のズレが争点となります。裁判において，伊藤は商会に対し債務（12,902.62ドル）があることは認めたものの，共同事業はまだ継続しているものと主張します。一方の商会は，1871（明治4）年11月の時点

で共同事業が解消されたこと、さらにこの11月以降に商会から伊藤に渡された金銭はすべて貸し付けたものであると反論します。

両者の認識のズレをさらに広げたのが、ロバート・アーウィンの粉飾会計です。裁判で、伊藤は洋銀取引で生じた損失をごまかすために、アーウィンが取引関係の継続を要望したと証言します。加えて、口裏合わせとして会計帳簿の虚偽記入に協力したことを伊藤自身が陳述したのです。商会からすればアーウィンの行動は裏切り行為になります。法廷の場で、アーウィンはこの粉飾について全否定します。

ここでもう一つ複雑な事情が入り込みます。伊藤は、中村惣兵衛との取引関係を継続していました。商会が洋銀取引から撤退した後で、アーウィンが伊藤と中村に米穀投機の話を持ちかけます。伊藤にとって、この投機話は洋銀取引の損失をカバーする挽回策でした。裁判において、伊藤はアーウィンからこの投機話が持ちかけられたことを理由に商会との共同事業が持続していたと主張します。この米穀投機について、アーウィン、伊藤八兵衛、さらに中村惣兵衛は、ことを秘密裏に進めるため、交渉の記録を一切作成しませんでした。伊藤八兵衛は、証文や契約文書の大切さは相当に分かっていたはずでした。その契約をおろそかにしたり、取引相手の粉飾をサポートしたりしたために、伊藤は法廷の場で身の潔白を証明できなかったのです。

先ほど述べたように伊藤は敗訴します。ただし、伊藤は共同事業の保証金として商会に金銭を渡していたのですが、この金銭については商会から伊藤に返還するものだと言い渡されました。つまりこの判決は、洋銀取引の損失発生によって伊藤と商会との共同事業が終わったという前提に立ったのです。したがって伊藤がアーウィンならびに中村惣兵衛と参加した米穀投機取引については、商会との共同事業とはみなされませんでした。米穀投機の損失は伊藤が責任を負うことになったのです。

敗訴が確定してもなお納得のいかなかった伊藤は、カルフォルニアの高等裁判所へ訴えようとします。しかし裁判費用を捻出できないまま、1878（明治11）年に伊藤は没します。遺族のなかでも、五女の兼子は実家が没落したことで離婚することとなりました。この離婚を経て渋沢

栄一の後妻となったのです。

> ❖ コラム：歴史のかけら（1）「洋銀取引」
>
> 　洋銀取引に従事した商人はドル屋（弗屋）とも呼ばれました。神奈川奉行の取り締まりが不十分だったので，有志のドル屋が集まり，神奈川奉行の許可を得たことを機に，明治時代になってもドル屋たちの自律的な組織として洋銀取引が行われました。田中平八はこの運営のリーダーでした。
>
> 　洋銀取引は，売込商（輸出商）と引取商（輸入商）の取引にドル屋たちが仲介役となって行われます。売込商は外国商人から代金を洋銀（メキシコドル）で受け取ります。荷主に代金を支払うには円への両替が必要です。引取商も外国商人への代金支払には洋銀での支払いが求められます。双方とも早めに両替しなければ業務に支障が出ますが，いずれも交換比率，つまり洋銀相場が有利になるタイミングを求めます。そこで生み出された仕組みが預け合です。
>
> 　売込商は両替目的でドル屋Aに洋銀を預け，引取商はドル屋Bに円を預けます。それぞれのドル屋のマッチングが成立すると，売込商と引取商はともに通貨を預け合っている状態（両替が先延ばしの状態）となります。この状態が預け合です。預け合は十五日以内とされ，この期間内であれば売込商と引取商はそれぞれ好きなタイミングで両替できます。一日先延ばしするごとに頭金（前日の相場と当日の相場の差額）と日歩（預かったことで生じる利息）が発生します（両替前の時点ではドル屋どうしがそれぞれの頭金と日歩を確認しておきます）。売込商と引取商のどちらかが両替すると預け合は解消です。頭金と日歩を計算に入れると，先延ばしせずにいたときから余分にもらえるか，さもなくば差し引かれるかのどちらかです。相手に預け合を解消された場合は別の相手を探して再度マッチングし，引き続きそれぞれ頭金と日歩を計算し続けます。洋銀取引では，この預け合によるマネーゲームが盛り上がっていたのです（横浜市，1963）。
>
> 　1885（明治18）年の銀本位制確立をもって洋銀取引は廃止されますが，預け合は別の場所で受け継がれました。1878（明治11）年に東京株式取引所が創設されます。創設の立役者，渋沢栄一は取引所のスタッフを集めるため田中平八に協力を仰ぎます。田中は洋銀取引に従事した面々を数十名東京に引き連れました。彼らが株式取引に従事すること に

> なり，株式取引で預け合が継承されたのです（日本取引所グループ，2017；Ishida and Yokoyama, 2023；Yokoyama, 2023）。この取引慣行は1911（明治44）年に禁止されるまで取引所内で継続していました。田中平八は，明治期の貿易実務だけでなく株式取引にも影響を与えることになったのです。

1.2 エンフォースメントの不完全性

1.2.1 契約のエンフォースメント

▶ 契約を遵守させる仕組み

　これから説明する話の結論を先取りしておきましょう。契約を遵守させる仕組みが整備されることで，経済発展が実現するのです。まずは契約のエンフォースメント（enforcement）について説明します。

　契約のエンフォースメントとは，契約当事者どうしが「相手に契約内容を裏切られることはない」と確約できる仕組みのことを指します。エンフォースメントは執行，強制あるいは強制履行とも訳されます。なお，日本の法律用語として「強制履行」という言葉があります。この言葉は，債務者が債務を履行しない場合に債権者が裁判所に訴えを起こして履行を強制させることを意味します（民法・商法，あるいは民事執行法）。この語義の示す内容は，契約のエンフォースメントの一例です。ただし経済学におけるエンフォースメントという概念は，金銭契約以外の契約，例えば雇用契約にも用いられます。したがって本書は「強制履行」を，法律用語との混同を避けるため，カタカナで契約のエンフォースメント，と言い表すことにします。

　相手に契約を遵守させるためにどうすれば良いか，素朴なアイデアとして契約を裏切ることの代償を大きくすることが挙げられます。裏切れば大事な何かを失う，このことを誰もが分かっているなら誰もが契約を遵守するだろうと考えられます。エンフォースメントは，個々の契約当

事者に対して契約遵守のインセンティブを第三者の目を通して与える手段なのです。

▶ マグリビ商人とジェノバ商人の対比

　第三者の目として，経済史研究では 11 世紀から 12 世紀にかけての地中海における 2 つの商人集団の対比が注目されています。

　一つは地中海沿岸の国々で交わされた遠隔地取引です。この遠隔地取引を支えたのがマグリビ商人です。マグリビとはユダヤ人の子孫でありながらイスラム文化に同化した北アフリカ拠点の人々を指します。マグリビ商人は集団内で互いを監視しあうことで国境を超えた取引の秩序を守りました。この秩序のなかでは，誰がどういう取引をしたのか，とりわけ不正を犯した商人について情報共有が徹底されます。不正商人は取引ネットワークから追放されます。こうした懲罰が確約されることで，契約遵守のインセンティブが与えられたのです（Greif, 1993；岡崎, 2010）。

　もう一つの事例が，現在のイタリア北西部を中心としたジェノバの商人集団です。この集団は，法システムを発展させることで，未知の相手と良好な関係を築くための安心できる仕組みを構築したのです。

　重要な点は，最終的に欧州貿易の中心となったのがマグリビ商人ではなくジェノバ商人だったことです。マグリビ商人の築いた集団秩序によるエンフォースメントは，集団に属する人数が増えるにつれてコストが大きくなるのです。つまり秩序維持が難しくなるのです。一方のジェノバ商人は，取引規模が大きくなったとしても秩序を維持できるだけの公権力を築くことに成功したのです（Greif, 2006）。

　戦国時代の定期市では，暴力行為によって取引を自己本位で済ませる行為が横行していました。戦国大名にとっては，こうした乱暴な行為を領内でいかに阻止するかが切実な課題でした。今川氏真や織田信長らは，領主以外の者の暴力的行為を禁じます。加えて楽市令を発して違反者を厳罰に処すと確約することで，商人に安心感を与えたのです（横山, 2018）。

民主主義国家のもとでは，取引当事者は，互いに平等な立場のもとで，裏切られたら司法機関に訴えることができます。すなわち現代においては，司法機関が第三者的な立場としてエンフォースメントの役割を担うことになるのです（North, 1990）。近年では，ブロックチェーン技術を活用することで集権的な第三者を介在せずに一対一の取引を成立させる仕様（protocol）が創案されています（Nakamoto, 2008）。ただしこの技術は発展途上の段階です。今後の展開が注目されることでしょう。

▶ エンフォースメントの不完全性

　現代でも，公権力によるエンフォースメントは決して完全ではありません。とりわけ国境を越えた取引については不完全な側面が露呈しやすくなります。ある衣料品メーカーAが原材料を安価で購入できる外国で工場を設置し，この工場で国内向けの衣服を生産させることにしたとします。メーカーAの日本国内本社と現地の工場関係者との間で契約が交わされることになります。ところがビジネスが動き出すとトラブルが生じやすくなります。例えばメーカーAの指定した色やデザインとは微妙に異なるデザインや色の衣服が工場で生産されてしまうことなどです。こうしたトラブルは珍しいことではありません。それこそ色の違いともなれば文化的な背景の違いも影響します。こうした案件を司法機関に訴えたとしても，契約違反と認められるかどうかは難しいのです。そうした場合の解決策としては，日本の衣服メーカーは本社の人間を現地の工場に派遣するといった策を講じています（柳川，2013）。

　エンフォースメントの機能は，契約当事者が立証可能な材料を用意できること，さらには司法機関が契約違反の有無を判断できることに依存します。契約文書を作成しなかったり，取引の記録を管理せずにいたり，挙げ句の果てには記録の改ざんに関与したりすると，道徳面だけでなく，エンフォースメントの面でも問題が起きるのです。伊藤八兵衛のように，原告自身が重要な証拠を残していない状況ではエンフォースメントの恩恵を授かることもできません。エンフォースメントは，制度を運用する時点で不完全性をどの程度回避できるかが問われてくるのです。

1.2.2　交換の形態とエンフォースメント

▶ 交換の形態と経済発展

　1993年にノーベル経済学賞（Nobel Memorial Prize in Economic Sciences）を受賞したダグラス・ノース（Douglas C. North）は，エンフォースメントにフォーカスして経済史を描いています。ノースは，歴史上の交換の形態を3つに区分し，第3形態の特徴として司法制度によるエンフォースメントの重要性を強調します（North, 1990）。

　ノースのいう交換の第1形態は個人的交換（personal exchange）です。この形態の交換は村落内など気心の知れた仲間との取引が繰り返されるものとみなされます。この形態では裏切られる可能性をほぼ考慮しなくて良いのです。一方で，取引の範囲は限られています。この殻を打ち破って，第2形態の交換が登場します。

　第2形態は非個人的交換（impersonal exchange）です。取引への参加は，身元の保証がある場合，あるいは商人どうしの規範を共有できる場合に可能となります。ここでいう規範とは，文化的な儀式や宗教教義などの社会規範を指します。互いに仲間であることを認められるかどうかが重要なのです。しかしこの形態でもやはり取引規模は制約されます。この殻をさらに打ち破って，どこの誰とも分からない相手とも安心して取引できるようになるのが次の第3形態です。

　第3形態は，第三者のエンフォースメントを伴う非個人的交換です。この形態では，国家が私有財産制度を確立します。財産を他の誰からも侵害されることがない，と国家が保証するのです。すなわち誰かの所有権を侵害した者に対して，国家がペナルティを課すものと確約するのです。この確約があるからこそ，利潤を追求し富を蓄積するインセンティブが国民に与えられます。

　エンフォースメントにはコストがかかります。違反者の特定や確保，違反がどの程度の損失をもたらしたのかの客観的な測定，さらには処罰を課すこと，といった諸々の手続きは労力や時間を要するのです。このコストが全く負担されないとなれば，エンフォースメントの不完全性が

露呈します。

ノースは，制度が不完全であっても，コンスタントに機能していることが重要だとの認識に立ちます。したがってエンフォースメントが全く機能していなかった状態からコンスタントに機能するまでのプロセスこそ，経済発展の面から見た国家形成の重要な局面となります。

▶ 幕末・明治の日本が直面した問題

幕末・明治に目を転じてエンフォースメントの問題についてさらに掘り下げてみましょう。

幕末の主力輸出品は生糸でした（第6章参照）。生糸は，桑の葉で蚕を育成して繭を生産する養蚕のプロセスを経て生産されて絹織物の原料となります。徳川時代には国内向けしか生産されなかった生糸が，幕末開港を通じて文化規範の異なる外国人に輸出されるようになります。このインパクトについて，明治時代に農商務省生糸検査所に勤務していた藤本實也は次のように綴っています（**史料1-2**）。

[史料1-2] 蚕糸業における開港のインパクト

「開港以前の生糸は「登セ糸」と称して西京西陣へ移出さるるのが遠方へ行くのみで他は多くはその生産地付近もしくは隣藩二，三の有名機業地へ需要さるるくらいで，したがって製糸地と機業地との触接は相当深く品質上の吟味は厳重であったが，一朝開港とともに生糸は不見不識の人に引取られ万里の波濤を超えて何地如何なる人の手に掛けられて織物となって需要さるるかは分からないので，その場の取引にあたって苦情破断さえなくて通過すれば目的は達せらるるので売込商にも比較的責任感が乏しく，いわんや地方で生糸を買い集めて横浜に持ち込む仲間鞘取引商人などは一定の店舗を擁して信用を重んずる底の素質なく，その場限りの利益を網すれば跡は野となれ主義の無責任なる挙措（きょそ：立ち振る舞い――引用者注）をあえてする者もあった」
（藤本，1939，136-137頁。一部，仮名・漢字・句読点・改行等を修正）

図 1-1　横浜市中に於て外国人，生糸を見分る図（半山直水・画）

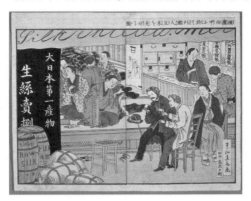

（画像：横浜開港資料館所蔵）

引用文中にある「売込商」つまり輸出商はそれまでの製糸業には関わりのない商人です。養蚕・蚕糸を営んでいた農家にとって，売込商は日本語が通じるとはいえこれまでの商慣習には馴染みのない相手です。そうした相手に外国商人との取引を委ねることになります。ですが養蚕・製糸の農家は，生糸がどのような買い手に渡るのか，ほとんど分からない状態にありました。売込商だけでなく相手の外国商人についても，数量や品質のごまかし，あるいは横領まがいのトラブルが頻発していました（藤本，1939）。こうしたトラブルが解決されるまでには数十年の期間を要することになります（第 6 章参照）。徳川時代には経験したことないほど多数の取引当事者が参加するようになったことで，取引をめぐる様々な規範を見直す必要が生じたのです。

近年では徳川時代における商人の，現代にも通じる洗練された商取引の実態が判明しています（高槻，2012；2018；Takatsuki, 2022；萬代，2024）。しかしあらゆる商人が洗練された取引慣行を築き上げたわけではありません。ましてや幕末開港の時期は，商機をにらんで新たに商取引の世界に足を踏み入れる人々が数多く現れます。田中平八や伊藤八兵

衛は，そうしたスタートアップ商人の代表例でした。多くの外国商人は，こうしたスタートアップ商人と接します。そのため外国商人の率直な感想として，日本人商人の商慣行は不備の目立つものに映ってしまったのです。この点についてはさらに別の側面から掘り下げて再論することにします。

1.2.3　制度の経済分析

▶ エンフォースメントの実証研究に関する問題

経済発展にとってエンフォースメントが重要だという考え方は，一見シンプルながらエビデンスを提示する際に困難がつきまといます。エンフォースメント面での制度整備は，タイムラグが生じるのです。法整備は月日を要しますし，法整備の効果が現れるまでにも歳月を要します。優秀な人材が裁判官や弁護士や検察官として活躍できるまでに，さらには裁判制度に関する人々の知識が普及するまでにも，長い年数が必要です。こうしたタイムラグは，制度整備のタイミングと制度が着実に運用されるようになるタイミングとのズレそのものです。発展途上国を対象とした実証研究においては，所有権制度が整備されていることと経済成長との間に緊密な相関関係が観察できないこともあります（Haggard and Tiede, 2011）。

タイムラグの問題を克服するためにも，エンフォースメントについて議論する場合には長期的な視点が必要になります。例えば，1750年から1900年までのデータを用いて19世紀プロイセンの都市化を検証した研究があります（Acemoglu, Cantoni, Johnson, and Robinson, 2011）。この研究によると，ナポレオン・ボナパルト（Napoléon Bonaparte）の侵攻によってフランス流の法制度が適用された地域群とそうでない地域群とでは，前者のグループの地域で顕著に都市化が進んだそうです。この実証研究は，長期的な視野を持つことで，経済発展における法制度の重要性を強調するものと言えます。

何らかの効果検証として過去の制度変化を捉えるアプローチは**自然実**

験（natural experiment）と呼ばれます。先ほどのナポレオン侵攻による法制度改革のように，ある対象では政策的な処置がなされ，似たような別の地域では処置がなされなかったとう対照的な区分けが可能だとします。この区分けとして，処置がなされた対象を処置群（treatment group），処置がなされなかった対象をコントロール群（control group）と呼びます。これら 2 つのグループの動向を比較・対照させることで，処置群の効果をコントロール群との照らし合わせの上で検証できるのです。こうした分析アプローチを DiD（Difference-in-Differences：差の差）と呼びます。DiD については，様々な議論が蓄積されています（Chaisemartin and D'Haultfœuille, 2023; Roth, Sant'Anna, Bilinski, and Poe, 2023）。

　権利保護をめぐる制度上の違いに着目した自然実験をもう一つご紹介します。現在のカナダ国境内に住むいくつかの先住民地域は，300 年近くに渡りヨーロッパ各国と条約を結んできました。これらの条約が結ばれたのは，ヨーロッパ各国からカナダへの入植者にとって有利になるための手続きです。したがってこの条約は先住民が不利となる制度変化でした。一方で，こうした条約を結ばされずに済んだ地域の先住民は，財産権保護や天然資源の管轄に関して冷遇されずに済んだのです。先住民が冷遇された地域と先住民の権利が守られたままの地域とでは，守られたままの地域の方が顕著に所得水準が高まったそうです。権利保護を奪われた地域で経済発展が遅れる，つまり権利保護をなくす処置にマイナスの効果が認められることから，権利保護と経済発展の関係が裏打ちされたことになります（Feir, Gillezeau, and Jones, 2023）。

▶ **ゲーム理論における制度，2 つの考え方**

　ゲーム理論の応用として制度を分析するアプローチもご紹介しておきましょう。そのきっかけを提示したのがノースであり，ノースの議論は発展的に継承されます。

　ゲームのプレイヤーは選択肢，すなわち戦略集合から特定の戦略を選択します。ノースは戦略集合に対する制約を制度と捉えました。取引当

事者に「第三者に訴えるか、それとも泣き寝入りするか」という戦略集合があるとします。ノースにとって制度を整備するとは、「泣き寝入り」しか選択肢がない状態から「第三者に訴える」選択肢が新たに加わることを意味します。ゲームの着地点は、プレイヤーが選ぶ行動の相互作用として見出されます。ノースは、この相互作用が制度によって規定されると考えたのです（North, 1990）。こうした捉え方を通じて、選択肢の幅が広がるかどうかで歴史上の制度変化を議論することができます。

一方、ノースの考え方とは異なり、制度をゲームの均衡と捉えるアプローチもあります。例えば先ほどのマグリビ商人の例では、集団内の秩序を通じて不正な取引を抑止していました。商人が依頼人に隠れて不正を犯せば、商人のネットワークから追放されてしまいます。そうなれば将来の利得が激減します。こうした先読みに現実味があるならば商人が不正を犯しません。一方で、商人に依頼する側も先読みをします。不正の旨みを知った商人には、よほど高い報酬を与えない限り裏切られかねません。そうなると不正履歴のある相手とない相手とでは、依頼人には不正履歴のない相手と取引するインセンティブが与えられるのです。商人と依頼人の先読みによる行動の組み合わせ、すなわち「商人は不正を犯さず、依頼人は不正を犯した相手とは取引しない」という均衡（サブゲーム完全均衡）が、マグリブ商人の制度として成立したのです（Greif, 1993 ; 2006）。

制度を均衡として捉えると、制度の多様性を説明できます。歴史の流れを説明する上では、制度の移行プロセスは均衡のシフトと捉えられるのです。コーディネーション・ゲームに見立てれば、均衡シフトはプレイヤーが一斉に戦略を変えるための同調が施されたことにもなります。社会の枠組みが変わるプロセスは、各々のプレイヤーの戦略変更のために調整を試行錯誤するプロセスです。

こうした試行錯誤を繰り返すことで、プレイヤーは、ゲームを繰り返すなかで自分たちが選んだ戦略に対して利得がどうなるのかについて、情報をアップデートできます。試行錯誤を繰り返すことで、経済や社会などの複数の行動規範が相互に関わりながらそれぞれに変化します。こ

うした変化を共進化と呼ぶこともあります。共進化に際して，同調の目印となる**公的な言説**（public proposition）が重要になります（青木, 2016）。

▶ 学びの意義

　幕末・明治期における日本人商人は，どのように行動すべきかと試行錯誤を余儀なくされます。商人になろうとする若い世代にとって，商業教育はまさに公的な言説となるのです。例えば渋沢栄一は，徳川時代以来の商業知識だけでは欧米各国と渡り合っていけないことを痛感し，商業道徳教育に専念しました（木村, 2014）。1901（明治 34）年に東京高等商業学校卒業式の祝辞として，渋沢は徳川時代の商業と明治時代以降の商業との違いを力説します。彼の主張を，経済学を学ぶ読者の方々に届けておきます（**史料1-3**）。エンフォースメントの不完全性をカバーする上でも，教育そして学ぶことは重要なのです。

[史料1-3] 東京高等商業学校卒業式における渋沢栄一の講演

「昔の商工業に対する教育は，『商売往来』という草子が一冊と，『塵劫記』という算術の書物が一冊，この二冊をもって吾々の教育は足れりとされたものである。この『商売往来』というものをこの間ある人が持って来たが，大きな文字で紙数二十枚ばかりある。故に諸君が勉強すれば，二時間も修業すればすぐに済んで卒業証書となる。誠に雑作ない。実に簡易の教育である。さような単純の教育でも商売が出来ておった…（中略）…世の中がひっくりかえってかくの如き高等商業学校しかも専攻部まで修めるというには，ほとんど十数年かかりまして二十四・五の年齢にならなければ世の中へ出られないほど教育が密になって，智識ある人々が商工業会社に入ってくるということは喜ぶべき訳である」

（渋沢青淵記念財団竜門社, 1962, 149-150 頁。一部，仮名・漢字・句読点等を修正）

ゼミナール課題

課題1

　伊藤八兵衛とウォルシュ・ホール商会の裁判は新聞『*The Weekly Japan Mail*』に掲載されたコラム「Law and Police」に記録があります。このコラムをもとに伊藤と商会の訴訟関連記事を確認し，詳細を整理して下さい。

ヒント：『*The Weekly Japan Mail*』は，複数の大学図書館，国立国会図書館，横浜開港資料館などで閲覧できます。伊藤と商会の裁判記録は，1875年（9月4日付，同11日付，同23日付，10月2日付，同9日付，同16日付，同23日付，11月6日付，同27日付，12月4日付），および1876年（1月8日付）の記事で，いずれもカリフォルニア大学（University of California）の貢献によりインターネット上で無料公開されています（URL: https://www.hathitrust.org/）。

課題2

　本文中に，交換の第3形態について「確約」という言葉が使われています。ここでいう「確約」とはコミットメント（commitment）の訳語です。何らかのルールにおいてコミットメントが欠如している，つまり何ら確約がなされないためにルールの運用に不都合が生じることはないでしょうか？　本，Web記事，あるいは何かの授業で知った事例でも構いませんし，サークルやゼミナールなど皆さんの身の回りのルールでも構いません。集団や組織で形成された何らかのルールが，コミットメントがないために不都合をもたらしていないかどうか，議論して下さい。

第2章

どうすれば従業員の努力を最大限に活かせるか？
：職工誘拐事件

　本章は，経営者が従業員に支払う賃金について掘り下げます。第1節では1890年代に問題化した紡績業における職工誘拐問題を，第2節ではインセンティブ賃金契約について説明します。
　本章の要点は次の2点です。
■紡績会社の職工誘拐事件は，紡績会社各社が従業員の移動の自由を前提とした上でいかに自社に勤続させるかを考えさせる契機となった。
■雇用主と被雇用者との間で結ばれる雇用契約は参加制約とインセンティブ整合性の2つの条件を満たさねばならず，雇用主側は被雇用者の技能形成に着眼しつつ賃金の与え方を工夫する必要がある。

2.1　鐘紡職工誘拐事件

2.1.1　紡績業と鐘紡

▶ 紡績業，転機は幕末

　紡績業は，綿花から種を取り除いて繰綿を作り，さらに繰綿から糸を紡いで綿糸を生産する産業です。16世紀初頭までには綿糸を通じて綿織物を手作業で生産するようになった点では，紡績業は明治時代の日本にとって在来産業です。転機は幕末でした。薩摩藩が英国の器械技術を導入して紡績工場を建設しました。明治政府はさらに大規模な官営工場を建設します。建設された場所は堺です。原料となる綿花がよく栽培されたことから，大阪はじめ関西では紡績工場が集中的に設立されるようになったのです（鐘紡株式会社，1988；阿部・平野，2016）。

　紡績業に限りませんが，明治政府は政府出資の工場や施設を払い下げる格好で民間による工業部門参入を後押します。払い下げが進むのは1884（明治17）年ごろからです。1880年代前半は松方正義によるデフレ不況のただなかでしたから，払い下げは民間企業にとって刺激となったのです。1886（明治19）年には景気が好転し，工場や設備の払い下げや会社設立が相次ぎます。企業ブームが生じたのです（石井，2017）。

▶ 鐘紡の源流

　紡績業についても，政府から民間への払い下げが行われます。1877（明治10）年に設立された内務省勧業寮屑糸紡績所は群馬県温井川を利用した水車を動力源としていました（清水・中島・山口，1989）。払い下げに応じたのは三井家という同族グループを築いた一族です（第3章参照）。三越呉服店を経営していた三井家は，紡績所の買い取りを通じて綿花売買を拡充するつもりでした（鐘紡株式会社，1988，12頁）。買取額は15万円でしたが，ちなみに1人当たり名目GDPが25円程度の時代でのことです（深尾・攝津・中林，2017）。

図 2-1 鐘ヶ淵工場

(画像：国立国会図書館デジタルコレクション「日本商工大家集」(大阪新報社，1906))

1887（明治20）年，三井高信が東京綿商社の創設者として頭取に就任します[*1]。同社は東京府南葛飾郡隅田村鐘ヶ淵に紡績所を建設し始めます（図 2-1）。1888（明治21）年には社名を有限責任鐘淵紡績会社に変更しました。有限責任とは会社が債務を背負って倒産した場合でも出資者が債権者に対して出資額以上の返済責任がない組織のことです（第3章参照）。1889（明治22）年，鐘ヶ淵の工場が完成します。新しい工場の支配人に就任したのが和田豊治です。この鐘淵紡績，通称「**鐘紡**」が本題となる紡績会社です。

2.1.2 職工誘拐事件

▶ 職工の引き抜きと業界のルール

1894（明治27）年鐘紡は紡績業の盛んな阪神地域に生産拠点を拡大すべく，神戸に分工場を創設します。新工場の支配人として三井銀行から派遣されたのが**武藤山治**です。新しい神戸工場で職工を迎えるにあたり，武藤は他社で技能を培った職工の引き抜きを進めます。この引き抜

[*1] 三井高信。1871年生まれ。三井家の一族メンバーとして実業家の道を歩む。1922年没。

きが「職工誘拐事件」として他社から非難を浴びるのです。職工の引き抜きそのものは珍しいものではありませんでした。むしろ1880年代後半になると紡績工場の建設が相次ぐ一方で，労働力不足，とりわけ熟練職工不足が深刻になります。どの会社も熟練職工に対するニーズが高まったのです。こうしたなか，ときとして腕力にものを言わせる引き抜きが各地で生じていました。

> **人物紹介**
> **武藤山治（むとう さんじ）**
>
>
>
> （画像：国立国会図書館デジタルコレクション「近代日本人の肖像」）
>
> 1867年尾張国海部郡鍋田村（現 愛知県弥富市）生まれ。実業家。三井銀行入行後，鐘淵紡績の経営者となる。「温情主義」を実践した経営者。1934年没。

なぜ鐘紡の引き抜きが非難されたのか，それは業界ルールに反しているとされたからです。大日本紡績同業聯合会は業界ルールとして職工の移動を制限します。こうした全国的な業界ルールは，各地域ごとにもあらためて確認されます。1893（明治26）年，関西の紡績会社を中心に中央綿糸紡績業同盟会が結成されます。この同盟会でも，職工の雇用と解雇，給与，労働時間，賞与，あるいは懲罰について業界ルールが定められ，遵守が約束されます。職工の引き抜きも徳義に反するとして禁止されます。にもかかわらず鐘紡の神戸工場が積極的に熟練職工を引き抜いていたわけです。

▶ 鐘紡と同盟会の対立

自由主義思想を掲げた思想家の田口卯吉は，『東京経済雑誌』という

経済専門雑誌の主宰でした[*2]。1896（明治29）年12月，同誌に「鐘淵紡績会社と中央綿糸同盟会の紛議」と題された記事が掲載されます（**史料2-1**）。

［史料2-1］鐘淵紡績会社と中央綿糸同盟会の紛議：その1
「我紡績業の盛衰は一に精練熟達の職工を得ると否にあり。よって自分等は職工の養成をはかり社員を数十里外に派出し旅費を給し手当を与え，無経験者を募集し数年の伝習をなしてこれを使用し年々その養成の為め費す所の金額職工一人につき少きも十円多きは四十円に及ぶ。然るに今回兵庫に設置したる鐘淵紡績会社工場は自ら職工を養成するの費用と時日を厭ひ，自分等の職工を誘拐し，もしくは職工と知りて雇用し，甚だしきは同社々員なる工業学校卒業生を米屋の手代に扮せしめ，あるいは書記・職工等・車夫・仲仕・売薬・行商に装わせて隠密に職工誘拐に従事させたり。現今同分工場に使用する職工三千余名の内過半は自分等若くは同業者か時日金銭労力の三者を費して養成したる職工なり。自分等同会社がかくの如く同業者たる徳義に背き不法の所為を為すに拘らず穏にその反省を求むるも頑としてこれに応せず」
（『東京経済雑誌』第34巻857号，4411頁。一部，仮名・漢字・句読点を修正）

史料2-1の前半部分は，同盟会に属する各社が社員を「数十里」（1里は約3.9 km）に派遣して新人の職工をリクルートし，研修して技能を伝える様子が描かれています。技能形成にどれだけのコストが費やされるかが端的に示されているのです。一方で熟練した職工を引き抜く際には，こうしたコストを負担せずに済むメリットがあります。鐘紡神戸工場の職工の過半はそうした引き抜きで集められたとされています。手塩にかけて育てた職工をライバル会社に奪われ，そのライバル会社のも

[*2] 田口卯吉。1855年生まれ。ジャーナリスト。東京府会議員，衆議院議員。本名は田口鉉。1905年没。

とで技能を発揮することは同盟会側として我慢できるものではなかったのです。

　史料２-２は記事の続きを引用したものです。同盟会側25社は，鐘紡の取引先との取引停止を宣言し，「職工の取戻」も辞さないとします。

[史料２-２] 鐘淵紡績会社と中央綿糸同盟会の紛議：その２
「同盟会は鐘淵紡績会社の職工誘拐の防禦策を講じ，その手段として末記の二十五会社は糸（東京府愛知県を除く）棉花包装品，木管，帯皮，石炭，油類，紡績，鉄具類等を鐘淵紡績会社に売買取引する商人に対しては一切取引せざる事の契約を結び，追々その他の会社にも賛成を求め，もって鐘淵紡績会社に当り，各被害の会社は随意兵庫工場について職工の取戻を談判する事に決せり。なお兵庫工場は一旦雇入たる職工を取戻されん事を恐れ，この紛議の当時より一千九百五名の寄宿職工の外出を禁じその代りに時々構内に興行師を招き，職工の娯楽に供し居るよし，同盟会の人は物語れり
大坂・摂津・天満・平野・金巾・郡山・朝日・堺・尼崎・福島・尾張・姫路・三重・津島・播陽・岡山・玉島・倉敷・笠岡・福山・下村・大坂撚糸・日本紡・名古屋・和歌山」
（『東京経済雑誌』第34巻857号，4411頁。一部，仮名・漢字・句読点を修正）

　鐘紡側の対応は，敷地内でも娯楽に興じられるよう芸人を呼んでまで寄宿職工の外出を禁じるというものでした。この事件に関しては武藤山治も回想録で言及しています。同盟会側が取った措置すなわち，鐘紡の取引先との取引を停止させる封じ込め作戦は失敗に終わります。ですが同盟会側はさらに強硬な手段に出ます（**史料２-３**）。

[史料２-３] 武藤山治『私の身の上話』
「その結果，一，二の需要品製造人中には賛成したるものありましたが，棉花綿糸等を扱う商売人は，直ちに承諾を回答するに至らず，郵

船会社のごときは事業の性質上各社の要求には応ずることはできずと答え、その他内外の商人中には当社に好意を寄するもの続出し、同盟各社のこの戦術は全く失敗に終わりました。そこで今度は暴力をもって屈服させんと試み、大阪の某侠客に依頼しその力を借り、中央同盟会出張事務所を神戸諏訪山の中常磐に置き、多数の壮士を繰り出し『鐘紡の経験工一名を連れて来たる者には金五円、本人には一円、無経験者を連れて来たる者には三円、同じく本人には一円を与え』、さかんに工女の誘出につとめ、私に治療一週間を要する障害を与えた者には、三百円の賞金を与えるという支那式懸賞までしたという噂が立ったくらいで…（中略）…中上川彦次郎氏は、この紛争をなるべく早く終了させようとしたため三井銀行大阪支店に命じて、同盟側の人々に融通を拒絶させたことに至ってこの争いは重大事件と化し、ついに当時の日本銀行総裁岩崎弥之助男の仲裁にまかせることとなって終わりを告げました」

（武藤、1934、129-130頁。一部、仮名・漢字・句読点等を現代語として修正）

武藤は噂話としてととどめてますが、則天武后など中国の皇帝が採用した、暗殺目的の懸賞制度を思わせる懸賞金がかけられたのです。こうした事態に、三井銀行が本腰で対応します。このことは史料文中にあるように三井銀行の経営で手腕をふるっていた中上川彦次郎が調整役を果たしたことにも表れています（第3章参照）。中上川の指示のもと、三井銀行は同盟会側の紡績会社に対する資金提供を拒否することにしたのです。金融の問題に発展したことから、ついには日本銀行総裁岩崎弥之助が仲裁することになったのです。

▶ 鐘紡と同盟会の和解

鐘紡と同盟会は、日銀総裁の仲裁により和解します。1897（明治30）年、日銀総裁岩崎弥之助の裁断（「中央綿糸紡績同盟会　鐘ヶ淵紡績株式会社及び合名会社三井銀行の仲裁裁断書」）によって、職工に関する規約を

設定する委員会を設置し，同盟会側の紡績会社および鐘紡の双方がこの決議に従うことになったのです。

この決議に従う以上，同盟会は職工の移動制限を見直さざるを得ません。ルールとして，引き抜かれた側の雇用主の権限を削減するかたちで規約が修正されます。同盟会との和解を経て，鐘紡の手法が事実上認められたのです。その上で鐘紡神戸工場は同盟会に参加することになったのですが，同盟会は1898（明治31）年に解散します。

なお鐘紡は，昭和初期までトップクラスの紡績会社でした。同社は第2次大戦後，繊維事業以外の部門を鐘淵化学工業として分離独立させた後，1961（昭和36）年に化粧品事業を買い戻し，カネボウ化粧品として再スタートします。有数の化粧品事業会社であったカネボウでしたが，多角化経営に失敗し，2008（平成20）年，同社はトリニティ・インベストメント株式会社に吸収合併されて消滅しました。

2.1.3 職 工 待 遇

▶ 工場の規模と男女間賃金格差

ここまでは会社や経営者の目線でしか話を進めてきませんでしたので，労働者の目線にも降り立ってみましょう。すなわちクローズアップされるべきは賃金や労働環境の問題です。職工誘拐事件は，労働者の移動の自由の問題とも関わりがありますが，より具体的には従業員として働きがいのある工場はどこか，自由に選べるかどうかの問題とも関わります。職工誘拐事件を前後して，経営者は「どうやって従業員に働き続けてもらうか」という勤続のインセンティブを考えなくてはならなくなったのです（岡本，1993；千本，2016）。

2023（令和5）年にノーベル経済学賞を受賞したのはクラウディア・ゴールディン（Claudia D. Goldin）です。彼女は歴史データを用いて男女間の賃金格差について論じました（Claudia, 2021）。彼女の受賞をめぐる報道で労働経済学と経済史との関わりに関心を抱いた読者の方々も少なくないと思います。その男女間賃金格差にフォーカスしてみましょう。

表 2-1 明治期紡績業における職工の日給（銭）

年	大規模工場数	全国工場数	大規模工場 平均職工日給（銭） 男性-A	女性-B	A/B	全国工場 平均職工日給（銭） 男性-C	女性-D	C/D
1889	9	23	17.4	8.7	2.00	16.9	8.0	2.11
1893	17	40	18.4	10.3	1.79	17.4	9.4	1.85
1897	36	74	23.5	14.6	1.61	22.9	13.6	1.68
1901	58	81	32.9	21.6	1.52	31.7	20.6	1.54
1905	56	78	37.6	23.1	1.63	36.0	22.0	1.64
1909	69	88	44.9	28.0	1.60	42.0	26.0	1.62

（資料出所：千本（1981，第3表））

　表2-1は，1889（明治22）年から1909（明治42）年まで，4年おきの6つの年次ごとに紡績工場の大規模工場数，全国工場数，および男女別の日給（銭）について示したものです。紡績工場の規模を示す際には精紡機の錘数が使われるのですが，大規模工場とは7,000錘以上の工場のことです。参考までに鐘ヶ淵紡績兵庫工場における生産設備の規模は59,760錘，これだけの設備を稼働するのに6,914坪（約22,858 m^2）の敷地面積と男女合わせて約3,800人の職工を要しました（兵庫県内務部，1903）。なおA/B，およびC/Dという2つの比はそれぞれの工場カテゴリーにおける男女間の賃金格差とみなすことにします。なお鐘紡職工誘拐事件が解決したのは1897（明治30）年です。

　表2-1から読み取れるのは男女間賃金格差の解消傾向です。まず工場数が増えるなかで大規模工場の数が増加傾向にあります。その上で男女間の賃金格差は1889（明治22）年では大規模工場で2.00，および全国平均で2.11，1909（明治42）年にはそれぞれ1.60，および1.62へと解消しています。こうした解消傾向は，鐘紡職工誘拐事件を前後して進行していたことも示されています。加えて，格差の解消は大規模工場ほど進んでいたとも推察されます。こうした流れは，当時の紡績会社が直面した資本設備の面での変化との整合的な把握が望まれます。1890（明

図 2-2　1896 年プラット社製リング精紡機

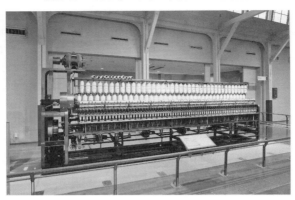

（画像：トヨタ産業技術記念館提供）

治 23）年代以降，プラット社（Platt Brothers & Co. Limited）およびその輸入代理店となった三井物産の貢献によりリング精紡機（図 2-2）が普及するなど，日本の紡績会社は好条件に恵まれました（玉川，2023）。

　大規模工場の賃金格差解消，つまり女性職工の賃金アップは他の産業にも波及していたようです。鐘紡が進出したことで神戸の茶商館の若い女性への給金が引き上げられるなど，産業を超えた波及効果も観察されています（千本，2016）。賃金アップに魅力を覚えて地域に移動してくる人々がいかに受け入れられたか，地域社会の再編にフォーカスした研究もあります（湯澤，2020）。地域ぐるみの問題として経営者どうしが連携し，勤続のインセンティブを与えようとする動きも生じます。こうした動向のなかでは，今度は鐘紡神戸工場の女性職工が引き抜きのターゲットになったりもしたのです（千本，1995；阿部・平野，2016；橋口，2022）。

　職工誘拐事件は，労働者を保護する政策的枠組みの整備を促進することにもなりました。その成果の一つとして 1911（明治 44）年に工場法が制定されました。この工場法は，常時 15 人以上の職工を抱える工場にしか適用されなかったほか，深夜営業禁止の条項については 15 年間

適用しないという措置が取られました。1923（大正12）年改正により15から10人に制限枠は広がりました。工場法は，現在の労働者保護の観点からすれば労働者保護法として限定的な保護策でした。この工場法でさえ，明治時代の労働者保護の法整備としてはようやく辿り着いた通過点だったのです。

▶ 住居の問題

　労働者の目線に立ってみるともう一つ，住居の問題も看過できません。労働力不足を解消するため，職工の募集は複数の県境を越える遠隔地の村落もターゲットになります。大規模かつ時間厳守を要する工場労働は当時の村落育ちの女性たちには馴染みのないものです。ここで経営者にとって無視できない懸念事項がありました。その懸念事項とは，村落育ちの女性たちが，工場周辺の繁華街で遊興に覚醒してしまうことです。「プライベートにまで大きなお世話だなぁ」とお感じの読者もいらっしゃることでしょう。当時の経営者の切実な要望としては，職工に労働規律を守って欲しかったわけです。

　こうしたなかで経営者が出した答えは，寄宿の充実化です（千本，1995；橋口，2015）。明治期には女性職工は大半が通勤者でしたが，徐々に寄宿住まいの女性職工が徐々に増加します。1926（大正15）年になると紡績243工場で女性の職工のうち75％が寄宿住まいとなります（千本，1999）。大阪では社宅設計に懸賞制度を設けるなどして居住環境としての社宅の改善が進みます（平井・池上・中江・石田，2013）。

　このように産業化は，勤続のインセンティブをいかにして与えるか，という経営者の工夫と労働者の対応からも切り込むことのできるトピックなのです。

> ❖コラム：歴史のかけら（2）「温情主義」
>
> 　産業化が進展するにつれ，企業経営の理念や方法論について，成果や実態を伴った議論が交わされるようになります。そうした議論のなかで

話題になったのが，温情主義という経営方針です。温情主義という言葉は，鈴木恒三郎（すずきつねさぶろう）が英語の paternalism の訳語としてあてはめたものです（土井，2004）＊3。

　鈴木は日光電気精銅所での経営再建の成功体験をもとに，1915（大正4）年『労働問題と温情主義』（用力社）を刊行しました。鈴木の論点は，出来高給と固定給のそれぞれの意味合いを議論するなど，本章第2節の議論にも通じるものです（横山，2018）。鈴木の著作が刊行されて以降，『ダイヤモンド』（ダイヤモンド社）あるいは『実業の世界』（実業之世界社）といった経済雑誌が温情主義を論じる記事を掲載するようになります。

　武藤山治も温情主義を実践した経営者とされています。従業員どうしの協働，あるいは従業員と経営との協力一致が必要だ，というのが武藤の経営理念です（中川，2017）。こうした理念は経営効率化を目指す彼なりの考え方とも言えますが，鐘紡では工場ごとに適材適所の人材配置がなされていたことが突き止められています。各種工場のなかでも，製品差別化を深く追求する工場とそうでない工場があります。鐘紡では前者の工場に製品差別化について熟知した技術者を再配置するなど効率的な人材配置がなされていました（Yamaguchi, Braguinsky, Okazaki, and Yuki, 2023）。

　武藤は従業員だけではなく，株主総会における株主との円滑なコミュニケーションも心がけました。収益率が低下した際にも，株主総会では経営に厳しい目線を向けて姿勢を正す姿を見せていました（加藤，2008）。異なる人々が同じ方向性を向く姿を重視する姿勢は，家族同然の関係性を見出す姿勢でもあります。こうしたことから，武藤の経営理念は「温情主義」のほか「経営家族主義」と表現されることもあります。かつての家族制度における家父長（家族を支配する男性）の持つべき配慮を企業経営に持ち込む考え方が示されたことになります。なお，経営家族主義の概念については長年の議論があります（榎，2009）。加えて，当時の工場では従業員となる工女が未成年であったことから工女とではなく彼女たちの父親が経営者と契約を結んでいたことも知られています（神林，2017）。したがって当時の雇用契約関係から家父長制の性格を見出す際にもさらに慎重な議論が必要とされてくるでしょう。

　温情主義は，批判のターゲットにもなります。1903（明治36）年に農商務省『職工事情』では綿糸紡績工場や製糸工場，あるいは鉄工など

＊3　鈴木恒三郎。1873年生まれ。温情主義を主張した経営者。1939年没。

> での過酷な労働環境（12時間以上の労働など）が報告されています。こうした劣悪な環境に置かれた労働者にとっては温情主義には嫌気を覚えていたのかもしれません。1925（大正14）年に刊行された細井和喜蔵『女工哀史』は，劣悪な労働環境を強いる経営者層に批判を投げかけたものです。こうした論説が広く支持された側面もあります。
>
> 　経営者の経営理念，実際の業績，労働環境，さらには経営理念をめぐる世論の形成，これら要素の関係性について有意義な研究成果が得られています。今後も様々な視点からの研究が期待されます。

2.2　労働のインセンティブ

2.2.1　参加制約とインセンティブ整合性

▶ 我慢して一生懸命働くことへの対価

　本節は，途中から数式を使わなければ議論を進められないトピックを扱います。まずは準備運動として式や不等式に慣れておきます。取り扱うのは「賃金は我慢して働くことへの対価である」という一見素朴な話題です。

　労働時間は労働以外のことを優先できない時間です。例えば，お電話お悩み相談のお仕事の最中にスマホでゲームしていることが相談者に分かれば，クレームが来ることと思います。加えて，働く際には好きなことを優先できないだけでなく，働くことそのものに体力を気力を費やさなくてはなりません。

　好きなことができなかった不満足分と働く負担分をカバーするだけの賃金がなければ，働く意欲はなくなります。従業員が働くための条件は次のように表されます。

$$\text{賃金で得られる満足分} - \text{働く負担分} \geq \text{機会費用}$$

　この条件を**参加制約**（participation constraint）と呼びます。参加制約

を満たさない限り，働くモチベーションは生じません。右辺の機会費用（opportunity costs）とは「あることを選択したことで得られなかった利得」を示す経済学用語です。働くかゲームするかを天秤にかける場合であれば，ゲームの楽しさが働くことの機会費用です。経営者が従業員を働かせようと思ったら，まずはこの参加制約を満たす賃金契約を提示できなくてはなりません。

賃金契約が満たすべき条件は参加制約だけではありません。一方の経営者の側には「頑張って働いてもらって私の収入を増やして欲しい」という本心があります。この本心を賃金について言い換えることができます。すなわち，収入を増やすためにやる気を出してくれる従業員とそうでない従業員なら前者の従業員に高い報酬を与えたい，ということです。この条件は次の不等式で表されます。

$$\text{頑張った場合の報酬} \geq \text{頑張らなかった場合の報酬}$$

この条件を**インセンティブ整合性**（incentive compatibility）と呼びます。経営者は，参加制約を満たす条件を提示して従業員に働こうと思ってもらうと同時に，インセンティブ整合性を満たす条件を提示することで一生懸命働いてもらうわけです。

2.2.2 適切な努力水準

▶ 生産関数と費用関数

ここから先の議論の結論は「従業員が働くときの一生懸命さには適量がある」です。従業員にとことん頑張って働かせることは，かえって経営者にとって損になるので，働かせすぎは良くないよ，ということです。この結論を経験上理解なさっている読者もいらっしゃることでしょう。言葉でこのことを主張することは可能ですが，なぜそうなるのかを論理的に言葉だけで説明するのは容易ではありません。簡単に議論を進めるため，数式を使って説明することにします。

1人の経営者が1人の従業員と契約した場合を考えます。生産物を生

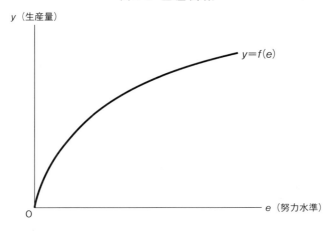

図 2-3 生産関数

産するのは従業員です。従業員の生産関数は（2.1）式で表されます。

$$y = f(e) \tag{2.1}$$

生産関数（2.1）は，生産量 y が努力水準 e の大きさで説明できることを意味します。ここで努力水準 e が増えるほど生産量が増えるものとします。つまり生産関数 f を e で微分（1階微分）した値はプラスです。この増分は，従業員が努力をさらに追加した場合の生産量の追加分なので，経済学用語では**限界生産性**（marginal productivity）のことです。努力を重ねるにつれて従業員が疲れてしまうので，限界生産性は逓減する，つまり生産関数 f を e で2階微分するとマイナスとなります。横軸に e，縦軸に y をおくと生産関数（2.1）は例えば**図 2-3** の形状となります。

議論を簡単に済ませるため，生産した分だけ販売されるものとし，価格は 1 とします。したがって生産量 y は，数量表示だけでなく金銭表示でも y です。従業員の負担も費用 c として金銭表示されるものとします。

費用関数は（2.2）式として表されます。

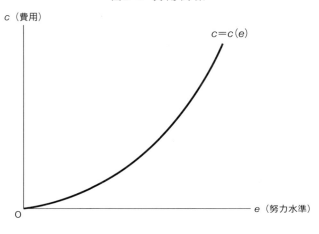

図2-4 費用関数

$$c = c(e) \tag{2.2}$$

　費用関数 c を e で1階微分したものはプラスとします。つまり努力を重ねるほど従業員の負担が増えるということです。この増分が経済学用語でいう**限界費用**です。2階微分もプラスとします。限界費用が逓増する，つまり努力を重ねるに連れて負担の増え方もまた増えてくということです。横軸に e，縦軸に c をおくと費用関数（2.2）は図2-4の形状となります。

　経営者は従業員に支払う賃金 w について，（2.3）式の契約パッケージを示します。

$$w = w(y) \tag{2.3}$$

　多くの y が販売されるほど従業員の賃金が上がるように設定されなくてはなりませんので，（2.3）式の w は y の増加関数です。議論を簡単にするため，経営者は従業員が頑張ったかどうかを成果の y で評価するものと考えます。シンプルな形としては，固定給 α（努力が実らない場合

でも最低限保証される報酬）と出来高給 β（e が増えると y に比例して増大する部分）との和として（2.4）式のように表現できます。

$$w = \alpha + \beta y \tag{2.4}$$

参加制約を考えたいので，従業員の満足度，つまり効用水準 u を考えてみましょう。効用関数は（2.5）式です。

$$u = u(e) = w(y) - c(e) \tag{2.5}$$

従業員の参加制約は不等式（2.6）で表されます。なお右辺の u_0 は従業員が仕事とは別の好きなことをした場合の満足度を示します。

$$u(e) = w(y) - c(e) \geq u_0 \tag{2.6}$$

経営者の目標は利潤（$=y-w$）の最大化，つまり売上金 y から賃金 w を差し引いてなお手元に残る分をできる限り大きくすることです。経営者は従業員の努力水準 e を引き上げることで利潤最大化を実現できるものとします。ただし，従業員の参加制約はクリアしなくてはなりません。これらの状況は次のように表現できます。

$$\begin{aligned}\max_e [y - w] &= \max_e [f(e) - w(f(e))] \\ s.\,t.\ w[f(e)] &- c(e) \geq u_0\end{aligned} \tag{2.7}$$

（2.7）式の $\max[\ ]$ は，努力水準 e の変化に応じてカッコ内つまり [ ] の中の数式が変化するというときに，最大値となる（他よりも小さくならない）値となるときの e を求める最大化問題を示します。左辺は e を動かすと $y-w$ が変化すること，右辺はその変化が $f(e) - w(f(e))$ の変化として捉えられることを示します。なお（2.7）式にある s. t. とは such that（〜となるような）の省略形で，経営者が不等式の示す参加制約に従うことを示します。経営者は従業員の機会費用を下回る賃金を提示できませんが，機会費用以上の賃金を支払う理由がないことにも注意して下さい。つまり（2.7）式は参加制約を満たした上で利潤を最大化するためにどのような e を選べば良いか，という最大化問題を

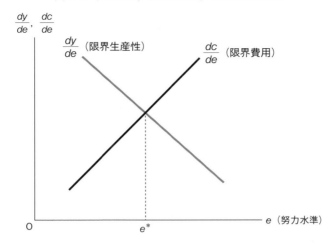

図2-5 努力水準，限界生産性，および限界費用

表しているのです。

この最大化問題は，(2.8) 式に置き換えることができます。

$$\max_e [f(e) - c(e) - u_0] \quad (2.8)$$

(2.8) のカッコ内つまり [ ] の中の数式の最大値を求める，つまり最大化問題を解くには，[ ] 内を e で微分してゼロになる e^* を求めることになります。つまり努力水準 e^* は (2.9) 式を満たすことになります。

$$\frac{dy}{de^*} = \frac{dc}{de^*} \quad (2.9)$$

(2.9) 式は両辺とも経済学用語で表現できます。左辺は限界生産性，右辺は限界費用です。努力水準 e の上昇に伴い，限界生産性は逓減し，限界費用は逓増します。

図2-5 は横軸に e，縦軸に限界生産性および限界費用を取る座標平面です。右下がりの曲線が限界生産性を示し，右上がりの曲線が限界費用

を示します。これらの交点，つまり限界生産性と限界費用が等しくなる努力水準 e^* が求める努力水準です。この努力水準 e^* より低い努力水準，あるいは高い努力水準は，経営者が利潤最大化に失敗しています。まさに「従業員が働くときの一生懸命さには適量がある」のです。その適量となる良い塩梅の努力水準は e^* だけです。

2.2.3 就学年数と勤続年数

▶ ミンサー型賃金関数

経営者は従業員の努力水準について，従業員の持ち合わせている技能，いわば経験値を踏まえて評価します。従業員がどの程度の教育を受け，さらにはどの程度キャリアを積んで経験値を高めたのかは，賃金を決定づける重要な要素となります。

経済学では，ミンサー型賃金関数（Mincer earnings function）と呼ばれる賃金決定メカニズムに関する議論があります（Mincer, 1974；大森，2008；川口，2011）。ミンサー型賃金関数は，時間当たり賃金の対数値 $\log W$，学歴 S，キャリアを積んだ年数 T，その他の要素を μ とすると（2.10）式として表現できます（添え字の i は観察対象を識別するための，いわば背番号です）。

$$\log W_i = \beta_0 + \beta_1 S_i + \beta_2 T_i + \beta_3 T_i^2 + \mu_i \tag{2.10}$$

学歴 S が大学卒業以上の場合に 1，それ以外を 0 とする場合，パラメータ β_1 は大学を卒業していない従業員の賃金を基準としたときに加算される大卒プレミアムを表すことになります。一方，学歴 S を教育年数で示すなら，このパラメータは教育年数の増分に対する賃金の上昇率の大きさ，すなわち教育の限界収益率を示します。教育の限界収益率は，対数関数の偏微分を用いて（2.11）式のようになります。

$$\beta_1 = \frac{\partial \log W}{\partial S} = \frac{\dfrac{\Delta W}{W}}{\Delta S} \tag{2.11}$$

教育の限界収益率と同様、キャリア年数の限界収益率は（2.12）式で示されます。

$$\frac{\partial \log W}{\partial T} = \beta_2 + 2\beta_3 T \quad (2.12)$$

パラメータ β_3 が 0 であればキャリアの限界収益率は一定（$=\beta_2$）となります。もし β_3 がプラスであれば年数に応じて限界収益率が逓増する、つまりキャリアを重ねることの賃金アップへの効果は若年世代ほど低いことになります。もし β_3 が負であればこの効果は若い世代ほど高いことになります。

▶ ミンサー型賃金関数の推定

川村・清水・藤村（2015）は、1937（昭和12）年における鐘紡の事務職員 1,015 名、1934（昭和 9）年における貿易商社兼松の職員 139 名の職員名簿を用いて賃金関数を推定しています。用いられた情報は、職員の月給（対数値）、学歴、そして年齢です。ここでいう学歴は、学卒者（大学卒業者）であれば 1、非学卒者であれば 0 とデータ化されたものです。年齢はキャリア年数の代わりとなる情報です。したがって（2.10）式でいう $\log W$、S、そして T に該当する情報が用いられています。分析結果として（2.13）式が報告されています（川村・清水・藤村, 2015, 表 3, モデル 2）。なお（ ）内の数値は t 値（推定係数を標準誤差で割った値、標準誤差については後述）です。

$$\log W_i = 1.71597 + \ldots + 0.18378 S_i + 0.10674 T_i - 0.00066 T_i^2 \quad (2.13)$$
$$\quad\quad (4.703) \quad\quad (4.861) \quad\quad (4.422) \quad\quad (1.733)$$

川口（2011）は、2005（平成 17）年から 2008（平成 20）年の厚生労働省『賃金構造基本統計調査』のデータを用いて 2,316,418 名の日本の労働者についてミンサー型賃金関数を推定しています。教育年数は、学歴が中卒の場合 9、高卒の場合 12、高専・短大卒の場合 14、大卒・大学院卒の場合 16 とされています。キャリア年数 T は、最終学歴の卒業年次からの経過年数が用いられています。推定結果は（2.14）式です。

図2-6 賃金プロファイル

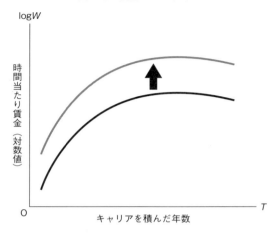

なお（ ）内に示されているのは標準誤差であり，推定されたパラメータのぶれ具合を示しています。例えば S の推定係数であれば 0.10（±0.0001）の範囲だと言えるということです。

$$\log W_i = 1.02 + 0.10 S_i + 0.06 T_i - 0.08 T_i^2 \quad (2.14)$$
$$ (0.002)\ (0.0001)\ (0.0001)\ (0.0002)$$

　ここで重要なことは，(2.13) 式および (2.14) 式とも，学歴プレミアムの存在を裏打ちするものであるということです。加えて，キャリアを積むことの賃金アップへの効果は若い段階ほど高いことが示唆されています。それぞれの推定結果を単純化すると，横軸に年数，縦軸に時間当たり賃金（対数値）をとる図2-6 のグラフが描けます。なお矢印は学歴プレミアムによる上方スライドを示します。

　学校教育のみならず，ベテランではない時期の企業での訓練もまた賃金に影響しているわけです。学校教育ならびに企業での訓練はともに人的資本（human capital）を形成します。人的資本が賃金水準を決める重要な要素となっているのです。だからこそ，企業がコストをかけて従

業員の技能を高めることにはメリットがあります。

　史料2-1に「職工一人につき少きも十円多きは四十円」と記されていたことを思い出して下さい。訓練で培われる技能は，従業員がその企業をやめて別の会社に再就職しても役立つ一般的技能と，同じ会社に勤続することで活かされる企業特殊的技能（firm-specific skills）とに大別されます。鐘紡が他社の職工を引き抜く際には，職工がすでに一般的技能を身につけていたことに着眼していたわけです。技能形成の問題は，離職するかどうか，あるいは会社を移動するかどうかに大きく影響するのです。

　ここまでの議論では年齢とキャリア年数を同等に扱ってきました。この点について読者の皆さんのなかには疑問を抱く方々もいらっしゃることでしょう。ベテラン社員が他社に転職した際，転職先ならではの企業特殊的技能を備えていなければルーキー同然の扱いとなります。自分より年齢の若い社員に仕事の基本を教わることにもなります。こうしたケースは，学生の皆さんであればバイト先で自分より年齢の低い方に基本を教わったり，年齢の高い方に仕事を教えたりといったご経験があるかもしれません。年齢とキャリア年数を同等に見ることは本当は修正の余地のある論点です。

　同じ労働に対して他の企業が異なる水準の賃金を支払っていることも珍しくはありません。賃金の分布，あるいはランクについて当初は何も把握していなかった従業員が，思いがけず現実の分布を大まかにでも把握することがあります。そのことがきっかけで，移動すれば高い賃金をもらえるのではないかと，ジョブサーチ，つまり仕事探しすることも考えられます。こうした行動原理を追求する理論としてサーチモデル（search-based model）が発達しています。労働経済学では，人的資本形成の視点のみならず，サーチモデルの視点も取り入れた包括的な実証研究が進んでいます。興味のある方々はさらに調べてみるのも良いでしょう。

ゼミナール課題

課題1

　表2-1では男女の賃金格差が縮小することを示すものですが，特にいつの時期に縮小が進んだのか，さらに長期的には格差がどのように推移したのかについて確認してみて下さい。

ヒント：表2-1の元データである『帝国統計年鑑』は，一橋大学経済研究所のHP（日本学術振興会「人文学・社会科学データインフラストラクチャー構築推進事業」）からダウンロードできます（URL: https://d-infra.ier.hit-u.ac.jp/Japanese/）。

課題2

　一般的に大企業の賃金が高くなる傾向にありますが，その理由はなぜでしょうか？　考えられる理由をできる限り列挙して整理してみて下さい。その上で，それぞれの理由について検証するにはどのような方法が考えられるか，議論してみて下さい。

第3章

どうすれば事業を大きくできるか？
：三井合名

本章は事業拡張の例として，徳川時代を源流とする三井家のビジネスを取り上げます。第1節では三井家のビジネス規範を説明します。第2節では株式会社をめぐる経済学の議論を整理した上で，三井合名の事例をフォーカスします。

本章の要点は次の2点です。

- ■三井家は，所有権制度に対応すべく，欧米視察による調査結果を踏まえた上で，一族の共同責任で複数の事業を遂行するために，持株会社として三井合名を設立した。
- ■「所有とコントロールの分離」を通じて，株主と経営者は協力関係のもとに事業を遂行できる。M＆A（mergers and acquisitions）を通じて事業の規模と範囲を拡大できるが，その際には株主が残余請求者として調整を心がける必要も生じてくる。

3.1 三井家の同族ビジネス

3.1.1 三井家の源流

▶ 三井高利

　徳川時代，三井家は伊勢（現在の三重県）の松坂で酒や味噌を扱う質屋を営んでいました。やがて呉服業を営むようになり，その流れを継いだ三井高利は江戸で三井越後屋呉服店（のちの三越）を創業します。高利は将軍の衣服を取り扱うことになり，長男の高平は徳川政権の公金を取り扱う業務への参加が認められます。三井家は金融部門や，土地開発を志向した不動産部門へと事業を拡大したのです（萬代，2024）。

人物紹介
三井高利（みつい たかとし）

（画像：三井文庫所蔵）

1622年生まれ。徳川時代の豪商。三井越後屋呉服店を創業，三井家の事業の祖。1694年没。

　高利の死後，高平は三井家の求心力を回復する策を講じます。1710（宝永7）年，高平は大元方を編成します。大元方は三井家の総資産を掌握し各家に再配分する機能を備えるようになります（村，2017）。1722（享保7）年に高平は，父・高利の商業理念を全55ヶ条の「宗竺遺書」にまとめました（図3-1）。宗竺遺書は，大名貸を禁止する条項や，商売に見切りをつける大切さを説く条項など商人としての知恵を盛り込んでいます。本章が注目するのは財産と事業の管理に関する規定です。

図3-1　宗竺遺書

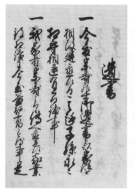

（画像：三井文庫保管）

▶ **三井十一家**

　三井家は全9軒，うち高利の息子たちの家である本家が6軒（高平・高富・高治・高伴・高好・高久），さらに高利・高平の養子の家系である連家が3軒（松坂家・永坂町家・小野田家）です。高平は三井八郎右衛門を名乗りましたが以後，本家，なかでも総領家とされた北家の当主が代々「三井八郎右衛門」を名乗ることになります。

　高平は宗竺遺書を「合わせて九軒，身上一致の家法なり」とします（堀江，2010；村，2017）。高平の狙いは分割相続による財産の縮小化を避けることです。

　高平は，三井家の全財産を「高貳百二拾也」すなわち220とし，本家はそれぞれ62，30，27，25，22.5，22.5，そして連家はそれぞれ8，6，7と持つよう厳命します。合計は210ですが，残りの10は将来新たな家を取り立てるための分です。のちに家原家と長井家が連家として取り立てられ，三井家は計11軒となり，この11軒をもって**三井十一家**と総称されるようになります。

3.1.2　三井銀行，三井物産，および三井鉱山

▶ 斎藤と三野村の改革

　幕末以降，2人の有能な人材がマネジメント役として三井家の事業を支えます。幕末の三井家を支えた立役者は，まずは三井両替店の筆頭番頭であった斎藤専蔵です*1。もう一人，その斎藤に抜擢されて大元方総轄を担った三野村利左衛門も三井家を支えます*2。

　斎藤と三野村は不振に陥った呉服部門の処置（三越の創設）や大元方の組織改革などを重ね，新たな事業体である三井組の礎を築きます（岩崎，1980a；1980b）。薩摩藩に軍資金を提供したことで，三井組は明治政府にも取り入れられます。政府は財政を扱う出納事務を小野組，島田組，そして三井組に委ねます*3,4。ただし1874（明治7）年に小野組と島田組は破綻します。三井組にとって明治時代は金融業者としてアドバンテージを手にするところからスタートした時代でした。

▶ 三井銀行の創設

　1872（明治5）年，国立銀行条例が制定されます。国立銀行はアメリカを範として導入された民間出資の発券銀行です（鹿野，2019；鎮目，2021）。公債を資産として保有した国立銀行がその保有額だけ負債として不換紙幣を発券することで，一般の人々が紙幣を資産として使えたのです。国立銀行は1879（明治12）年までに153行創設されます。士族が頭取を務めるケースもありましたが，徳川時代に藩札発行の経験があるなど，実務スキルなしには経営存続は難しいものでした（鎮目，2020）。三井組は小野組と共同で第一国立銀行を創業します。1872（明治5）年，

---

*1　斎藤専蔵。明治初期に重役手代（手代は商家で一人前の店員として営業に従事する者のこと）さらに筆頭番頭（番頭は商店の主人に次ぐ奉公人）として三井家の事業を支える。

*2　三野村利左衛門。1821年生まれ。幕末から明治にかけて大元方統轄さらに大番頭として三井家の事業を支える。1877年没。

*3　小野組。徳川時代から明治時代初期にかけての豪商。大名貸（大名への貸金業）や両替（金貨と銀貨の交換）を営む。1874年破綻。

*4　島田組。徳川時代から明治時代初期にかけての豪商。呉服業や両替（金貨と銀貨の交換）を営む。1874年破綻。

創業時点での頭取は三井八郎右衛門高福ですが，元大蔵官僚の渋沢栄一が総監役に就任します。小野組破綻による経営危機を乗り切った手腕のもと，1875（明治8）年に渋沢が頭取を兼任します。三井家は第一国立銀行のマネジメントの座とともに「三井組ハウス」と称された店舗の建物も奪われます。大阪両替店の重役は三野村宛の書簡に「血涙愁嘆」と記し，悔しさを滲ませています（三井銀行，1957，72頁）。

1876（明治9）年，三井家は三井銀行を創業します。三井銀行は発券できない私立銀行の第1号です。1882（明治15）年に日本銀行が創設されるまでは官金取扱業務に従事できました。ただし杜撰な融資体制が原因で経営危機に見舞われます。この危機から救ったのが前章で登場した中上川彦次郎です*5。

中上川彦次郎は福沢諭吉の甥であり，母校の慶應義塾出身者を中心に有能な人材を三井銀行に入行させます。入行したなかには，武藤山治（第2章参照），和田豊治，日比翁助，藤山雷太（第5章参照），池田成彬，さらに小林一三といった経営史にも名を残す実業家が名を連ねます。三井家の事業は彼ら慶應義塾OBの能力とともにネットワークが持つ強みに支えられます（武内，1995）。ネットワークの分析についても定量分析が進みつつあります（三科・牛島，2020）。

中上川が債権回収を進めるなか，三井銀行は担保物件を入手します。第三十三国立銀行から手に入れた生糸工場は大嶋製糸所，あるいは田中製造所から手に入れた機械工場は芝浦製作所（後年の東芝）など，三井銀行の管轄のもと再建されることで三井家の工業化路線が打ち立てられたのです。

▶ 三井物産の創設

三井物産の社長，益田孝も三井家の工業化路線に貢献しました（鈴木，2020）。三井物産の前身となる先収会社は，大蔵省を辞職した井上馨

---

*5 中上川彦次郎。1854年生まれ。実業家。三井家の事業における工業化を促進するとともに三井銀行の不良債権処理にあたるなどの功績から「三井中興の祖」とも称される。1901年没。

（序章参照）が陸軍省向けの毛織物や武器の輸入などを取り扱う会社として創業しました。井上が明治政府に戻るため，井上および三野村利左衛門との会談が執り行われました。1876（明治9）年に三井物産を創業するかたちで，益田は同社社長として先収会社の事業を引き継いだのです（岩崎，1980d）。かつてウォルシュ・ホール商会に勤務していた経緯もあり，益田はロバート・アーウィンに三井物産のロンドン代理店を任せます（第1章参照）。この代理店をもとに三井物産はロンドン支店を開設します。当初は赤字経営ながら，1880年代になると日本への機械輸入が伸展したことで営業が軌道に乗ります（岩崎，1980d；粕谷，2002；木庭，2015a）。海外支店は香港，上海，さらにパリなどにも設置されますが，一旦閉鎖を余儀なくされた支店もあります。支店独立採算制のもと，支店の経営陣が裁量を与えられ，支店内の社員間競争ひいては支店間競争を通じて三井物産は業績向上を果たします（高橋，2013；鈴木，2023）。

人物紹介
益田孝（ますだ たかし）

（画像：三井文庫所蔵）

1848年佐渡国雑太郡相川町（現 新潟県佐渡市相川）に生まれる。三井家の事業を支えた実業家。のちに三井合名理事長に就任。1938年没。

▶ 三井鉱山の創設

　三井物産は三池炭（三池炭鉱の石炭）の輸出事業にも取り組みます。徳川時代から採掘が始められた三池炭鉱は，現在の福岡県と熊本県に坑口を持ち，明治政府が官有としました。三井物産は政府と一手販売の契

約を結びます。政府の払い下げ事業のもと，佐々木八郎という事業家が三井家の代理人となって三池炭鉱を買い取ります（森川，1978；野瀬，1990）。そして1889（明治22）年に三井銀行三池出張所を事務局とする事業組織として三池探鉱社を創立します。その事務局長に就任したのが，鉱山技師の団琢磨，のちに三井家の各事業を遂行する企業グループを統括することになる人物です。1892（明治25）年，三井銀行は，開発に関与していた神岡炭鉱や田川炭鉱も含めて統括する組織として三井鉱山合資会社とします。合資会社とは，後述する無限責任と有限責任の両方のタイプが出資者となる会社組織のことです。

人物紹介
団琢磨（だん たくま）

（画像：三井文庫所蔵）

1858年筑前国福岡荒戸町（現 福岡県福岡市中央区荒戸）生まれ。三井三池炭鉱の経営にあたり，後年，三井合名の理事に就任。1932年没。

▶ 宗竺遺書の限界とその克服に向けて

三井銀行，三井物産，および三井鉱山はいずれも中上川彦次郎，益田孝，さらには団琢磨といった優秀な人材がマネジメント役を果たしていましたが，彼らが出資者だったわけではありません。出資者さらには彼らをコントロールする役割を果たしていたのは三井家です。とはいえ，三井家の事業はもはや大元方の管理対象を超えて拡大しました。三井銀行や三井鉱山は三井組の出資として管理されましたが，三井物産は三井組の出資対象として記録されていません。井上から引き継いだとはいえ，もはや三井家の事業となっていた三井物産の事業が大元方の関与しない

ところで進められていたのです。もはや宗竺遺書の枠組みで財産管理することは不十分だったのです。

　三井八郎右衛門高福は家政改革を試みましたが，1885（明治18）年に死去します。家政改革が進まないなか，大きな問題が生じました。1891（明治24）年，三井銀行京都分店が預金者から取り付けに遭います。引き金は，井上を攻撃する新聞記事が三井銀行と第一銀行の経営難を指摘したことにありました（三井銀行，1957；岩崎，1980e）。三井家は事業の不徹底が新聞記事に取り上げられるダメージの大きさを知ったのです。

　1893（明治26）年，三井十一家の各当主を正会員とする三井家同族会が設立されます。三井組は三井元方と改称します。三井銀行，三井物産，三井鉱山，および三井家が取り戻した三越呉服店は，合名会社組織に改組されます。合名会社の出資者には，会社倒産に際して負債を完済する義務があります。各々の出資者が，出資額範囲を超える完済義務，すなわち無限責任を負うことになったのです。同年7月に商法が部分的に施行され，1893（明治26）年下期の三井元方の勘定から，三井銀行，三井物産，三井鉱山および三越呉服店への出資額が記載されました（岩崎，1980f）。

3.1.3　三井家憲と三井合名

▶三井家憲の制定

　1898（明治31）年には民法が，翌年には商法がそれぞれ完全施行となりました。三井元方は一族の財産管理組織ではありますが法人格を持たないため，財産の所有主体とはみなされません。こうした状況に対し，井上馨は三井家に財産管理の新たな規範として家憲の制定を迫ります。1900（明治33）年4月から6月にかけて，日刊新聞『二六新報』が三井家の金銭感覚を糾弾する記事を連載します。この新聞はスキャンダルで世直しを迫るなど暴露主義的とも形容された媒体です（山口，2000）。三井家と『二六新報』社長の秋山定輔は，井上馨同席のもと和解します。

和解条件には秋山が三井家憲の制定に関わることなどが含まれました。一連の二六砲は，家憲制定を要望した井上が黒幕だともされています（岩崎，1980ｇ；堀江，2010）。SNS炎上を避けるべくコンプライアンス問題に奔走する現代の企業にも相通じる姿が見出されます。

1900（明治33）年6月，全文10章109条からなる**三井家憲**が制定されます。起草者は法学者の穂積陳重と内務省官僚の都筑馨六です[*6,7]。

総領家を含め本家6家および連家5家の計11家の当主が「永世同族」であるとされます（第1章）。同族会のもと，三井十一家の事業を受け継いで「隆昌」させることが同族の義務とされます（第2章）。

三井家憲の特徴は家父長制的，つまり男性長子の特権を前提として権利を制限することに一同が同意して作られた点にあります。女性は同族会への参加が禁止されました（第17条）。権利制限としては，例えば同族会の許可のない会社経営や資金提供は禁止されました（第12条および第13条）。一族でトラブルが生じた場合には司法機関に訴えることも禁止され，すべて同族会が裁断するものと定められました（第14条）。

財産は営業資産，共同財産，および家産の3種類に区分されました（第71条）。営業資産は三井家の事業経営に投資される資金です。共同財産は一族の家政に関する支出に充てられますが，同族会の決議によって一部を営業資産に組み入れることもできました（第73・74条）。3つ目の家産は各家の私有財産であり，原則として各家ごとに処分できます。これらのうち営業資産と共同財産が同族財産です。同族財産は各家ごとに持分比率が定められましたが，総領家が優遇されました（**史料3-1**）。

[史料3-1] 三井家憲第92条

「第九十二条　家産以外ノ同族資産ノ持分ハ，其出資額ニ拘ワラス左ノ割合ニ依ル

一　百分ノ二十三　総領家

[*6] 穂積陳重。法学者。1856年生まれ。明治民法の理論的基礎を築く。配偶者の歌子は渋沢栄一の長女。1926年没。

[*7] 都筑馨六。1861年生まれ。官僚・政治家。井上馨の婿。1923年没。

一　百分ノ十一半　本家
　一　百分ノ三・九　連家」
（三井文庫，1974，356頁）

▶ 三井合名の創設

　1909（明治42）年11月，三井家は三井鉱山の社名を**三井合名**に変更し，一旦鉱山部門を設けました（鈴木，2020）。この三井合名は，同族経営の株式会社の株式を独占的に所有する組織，つまり持株会社とされます。その持株会社に対して出資者として無限責任を負うことは，三井家のビジネスの責任を同族でシェアすることでもあります。総領家，本家および連家はそれぞれ23％，57.5％（57.5＝11.5×5），および19.5％（19.5＝3.9×5）という**史料3-1**に沿った比率で出資しました（**表3-1**）。

　三井合名設立の前月，1909（明治42）年10月には三井物産および三井銀行が合名会社から株式会社に組織変更するとともに，三井銀行倉庫部門が東神倉庫株式会社として独立しました。1911（明治44）年11月には三井合名の鉱山部門が三井鉱山株式会社として独立します。三井合名はこれら株式会社を子会社とします。1911年末時点で三井合名の持株比率は，三井銀行（資本金2,000万円），三井物産（資本金2,000万円），および三井鉱山（資本金200万円，翌年2,000万円）がいずれも100％です（三井銀行，1957；第一物産株式会社，1951；柴垣，1965）。な

表3-1　1909（明治42）年末時点における三井合名の出資者構成

	出資額（円）	出資額構成比（％）
総領家（三井八郎右衛門）	11,500,000	23.0
本家（元之助，源右衛門，高保，八郎次郎，三郎助の5名）	28,750,000	57.5
連家（清子，守之助，武之助，養之助，得右衛門の5名）	9,750,000	19.5
計	50,000,000	100.0

（出所：三井合名会社定款第6条（三井文庫，1974，599-600頁））

表 3-2　1914（大正 3）年における三井合名の役員と兼任先役職

役　職	氏　名	兼任先役職		
		三井銀行	三井物産	三井鉱山
業務執行社員社長	三井八郎右衛門			
業務執行社員	三井八郎次郎		社長	
業務執行社員	三井三郎助			社長
業務執行社員	三井高保	社長		
顧問	益田孝			
監査役	三井源右衛門			監査役
監査役	三井得右衛門		監査役	
参事	団琢磨	取締役	監査役	取締役
参事	朝吹英二	監査役	取締役	
参事	波多野承五郎			
参事	小室三吉			
参事	三井守之助			
参事および理事	有賀長文			

（出所：松元（1979, 46-48 頁；58-69 頁））

お東神倉庫（資本金 200 万円）の場合は 35% となります（三井倉庫, 1961；松元, 1979）。

　三井合名の役員 10 名中 7 名が，三井銀行，三井物産，および三井鉱山の 3 社の役員を兼任しており，いずれの会社も同族メンバーが社長です（表 3-2 および図 3-2）。資金面では三井合名が上に立つ垂直的な仕組みが，そして経営者の人材面では水平的な仕組みが築かれることで，三井合名がグループ単位の意思決定を下す集権的な構造が築かれたのです（松元, 1979; Yonekura, 1985; Dau, Morck, and Yeung, 2020）。持株会社が子会社を所有し，さらにこの子会社が子会社を所有する構造が見られるようになるとピラミッド構造の上下関係として捉えられがちです。その一方で，同族グループには人的関係をもとに水平的関係が成立していた側面もあるのです。

図3-2　1914（大正3）年末時点での役員兼任件数

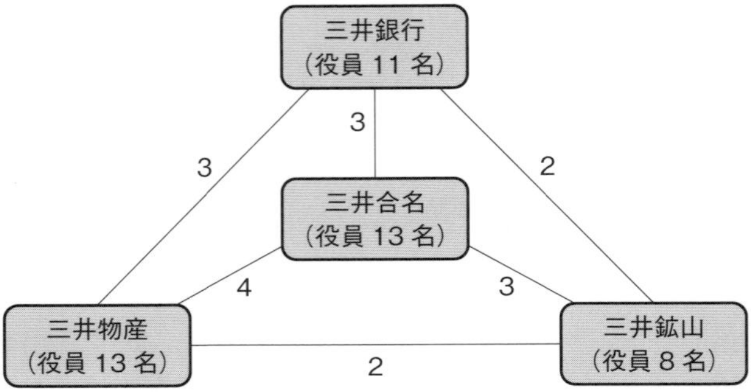

```
           三井銀行
          （役員11名）
        3     │3      2
              │
    三井合名
   （役員13名）
      4           3
  三井物産         三井鉱山
 （役員13名）─2─（役員8名）
```

（出所：松元（1979, pp. 46-48 ; pp. 58-69））

　これら一連の組織再編は，益田孝のアイデアに依存しています（安岡，1968）。1908（明治41）年，益田はイギリス，フランス，ドイツ，およびアメリカを訪問し，各国の経営者や商業専務の法律家との会見録を「欧米出張復命書」として同族会議長（三井八郎右衛門高棟）に提出します。この復命書のなかで，益田はアメリカのUSスチール（United States Steel Corporation）の持株会社方式に着目し，「三井家ニ取リテ最モ有益ナル参考トナルベキモノナリ」と意見しています（三井文庫，1974，505頁）。三井合名設立の翌年の1910（明治43）年に高棟はロシア，ドイツ，イタリア，イギリス，そしてアメリカを視察します。この視察には団琢磨が随行しました（木庭，2015b）。

▶ **事業拡大の同族**

　後年，三井家はM&Aを通じて事業を広げます。1926（大正15）年，三井合名は高砂生命を買収し，買収後は三井生命として経営再建を果たしました（横山，2007）。この再建は，三井合名が株式を独占的に占有する直系会社や，独占的ではないものの株式を所有した傍系会社と三井生命との水平的な関係が奏功しました。三井生命は，これらの会社の従業員を保険商品のメインターゲットとする戦略に打って出たのです（**史料**

3-2)。

[史料3-2] 三井生命の販売戦略
「当時の三井家は，三井銀行，三井物産，三井鉱山，三井信託，東神倉庫の直系会社，芝浦製作所，日本製鋼所，北海道炭礦汽船，王子製紙，東洋棉花，大正海上，東洋レーヨンなどの傍系諸会社のほか，三井家が大株主として関係している有力会社として鐘紡，電気化学，台湾製糖，郡是製絲など多数の会社を擁していた。信用が第一である生命保険事業にとって，これら，直系，傍系，関係諸会社を背景とした顧客の層は有力な後援者であり，その協力援助による当社の前途は洋々たるものがあった」
（三井生命，1968，3頁）

　北海道炭礦汽船を傘下に収めるプロセスは紆余曲折でした（七十年史編纂委員会，1955）。1907（明治40）年，同社は英国の複数の企業との合同出資により日本製鋼所を設立します。この製鋼事業が軌道に乗らなかったのです。すでに北海道炭礦汽船の大株主だった三井銀行は，同社の経営状況の調査を求めます。1910（明治43）年5月，臨時株主総会で役員交代とともに調査委員会設置が決議されますが，調査委員会の結論は問題なしとされます。三井家に反発する大株主がいたのです。1912（大正元）年，株主総会において資本金（2,700万円）のうち3分の1に当たる900万円の切り捨てとともに，この900万円分を新たに優先株に切り替えることが決議されます。優先株というのは配当取得や倒産時の財産分与で優先される権利を備えた株式のことです。この優先株発行を三井銀行が引き受けました。三井鉱山，三井銀行および三井合名の持株比率は32.9％となりました（松元，1980）。1913（大正2）年には団琢磨が会長に就任し，三井物産の磯村豊太郎が専務に就任します。北海道炭礦汽船，さらに日本製鋼所は三井家のコントロール下となりました。とはいえ完全子会社でない以上，三井同族側が株主総会ごとに根回しに奔走しなくてはなりませんでした（北澤，2003）。

三井家のほかにも，岩崎家（第7章参照），住友家，さらには安田家など，様々な富豪が持株会社方式を活用して一族の様々な事業を遂行しました。こうした一族の事業会社は資本金が大規模なだけでなく，1930年代になると同業他社よりも良好な収益性をマークするようになります（岡崎，1999；Okazaki, 2001）。明治時代の産業化局面において三井家が採用した持株会社方式は，各々の子会社の有能な経営者のマネジメントを通じて，1930年代をピークとして日本の経済成長を支えたのです。

> ❖ コラム：歴史のかけら（3）「財閥は死語？」
>
> 　明治時代，三井家などの富裕層は，家業そのものを含めて「富豪」と呼ばれました（下谷，2021）。富豪らは1920年代になると「三井財閥」あるいは「三菱財閥」のように「財閥」と称されます（時事新報社経済部，1926）。ただし，「閥」は，藩閥，学閥，あるいは閥族などのように，否定的な意味で使われがちです。例えば三井家の同族が「財閥」と自称することはありませんでした（安岡，2004）。
>
> 　1946年9月 GHQ-SCAP（General Headquarters, the Supreme Commander for the Allied Powers：連合国軍最高司令官総司令部）の指導のもと，持株会社として5社（三井本社，三菱本社，住友本社，安田保善社，および富士産業）が「財閥」の持株会社に指定されます。同年12月には，日本窒素肥料，大倉鉱業さらに川崎重工業などの40社についても，あらためて持株会社として指定されたのです。これらの持株会社を整理することを主眼として「財閥解体」が実施されます。この政策を通じて各々の同族グループは従来の持株会社による連携を取ることはできなくなり，再編を余儀なくされます。「財閥」は姿を変えましたが，「財閥」という言葉は歴史用語として残ることになりました。1920年代以降の呼称がすでに定着した事実もそうですが，持株会社の整理のために実施された政策的枠組みが「財閥解体」と称されたのです。英語表現でも zaibatsu と記されます（Morikawa, 1970; Yonekura, 1985; Okazaki, 2001; Hoshi and Kashyap, 2001; Morck and Nakamura, 2005; Dau, Morck, and Yeung, 2020）。
>
> 　第2次大戦後，マルクス経済学の文脈に即して経済史を分析する潮流が生じました。マルクス経済学において，資本主義さらには金融資本は，打破すべき矛盾を抱えたものとされます。金融資本とは，マルクス経済

学では独占資本と同義で,資金的関係を軸として銀行が各種産業を支配する形態を指します。同族出資の持株会社によるコントロールとともに傘下の銀行から融資を受けつつ,傘下会社が高い市場シェアをマークした状況は,金融資本の典型と指摘されます(柴垣,1965)。そうした中で1970年代さらには1980年代に研究が進展しました。財閥をテーマにした概説書だけでも枚挙に遑がありません(森川,1973;石井,1992;橘川,1996;菊地,2009;武田,2020)。これらの研究は,各一族の関係団体から史料提供の恩恵に預かっていますが,その提供者から「財閥」という言葉をできるだけ使わないよう要望されることもあるそうです(下谷,2021)。

　筆者も,かつては「財閥」という言葉を使っていましたが,同族グループと置き換えています(横山,2021)。同族グループは,会社制度の運用について群を抜いた存在でした。同族グループと呼ぼうが何と呼ぼうが,起業や経営再建の事実関係は学び甲斐があります。明治時代の三井家の事業は,打破すべきどころか,ビジネスにおける創造と再生のヒントになる一例なのです。

3.2　株式会社の経済学

3.2.1　所有とコントロールの分離

▶ 株主と経営者の協力関係

　会社は company の訳語ですが,その company はラテン語の cum panis(一緒にパンを食べる)を語源としています。会社という言葉自体,複数の人間が協力しあうことを前提としています。つまり会社とは,何らかの事業,プロジェクトを実行する際に複数の人々が協力しあうメリットを互いに享受しあっている組織なのです。株式会社における出資者(株主)と経営者の間にもこうした協力関係が成立します。

　事業組織として,株式会社には,(ⅰ)法人格,(ⅱ)出資者の有限責任,(ⅲ)持分の自由譲渡性,(ⅳ)組織体のシールド,そして(ⅴ)委

託された経営，という5つの特徴があります（Hansmann, Kraakman, and Squire, 2006）。特徴（ⅰ）は，株式会社が法律上の権利・義務を持つ主体であること，つまり利潤を追求する権利がある一方で，法人税を支払う義務もあることを指します。特徴（ⅱ）は，会社が倒産したときに出資額の範囲内で会社の債権者に対して返済の責任を負うこと，つまり範囲を超える額の責任は問われないことを指します。特徴（ⅲ）は，株主の権利や義務を自由に譲渡できるということです。特徴（ⅳ）のシールドとは資産を守る盾を比喩したもので，社員の入れ替わりによって資産が増減しないことを意味しています。最後の特徴（ⅴ）は出資者である株主が経営者に対して会社経営を委託する関係性を指しています。こうした特徴を持つ株式会社組織は，17世紀初頭におけるイギリスやオランダの海運会社を源流とするものと考えられていますが，16世紀以前にも南ヨーロッパで株式会社の性質を持つ事業組織が存在したことが近年では指摘されています（Le Bris, Goetzmann, and Pouget, 2023）。

▶「所有とコントロールの分離」による役割分担

　株主と経営者の協力関係は，**所有とコントロールの分離**（separation of ownership and control）によって成立します。所有とコントロールの分離とは，会社の様々な権利のうち，所有権とコントロール権を切り売りして株主がコントロール役を果たし，経営者がマネジメント役を果たすという役割分担を成立させることです。

　ゲームソフト製作会社を設立するケースを想定してみます。第1段階として，株主に出資してもらうためには，発案内容を伝える資料（エクイティ・ストーリー）を提示しなくてはなりません。この発案の意思決定が必要です。第2段階として，その誰かが出資者になることを承認してくれるという意思決定があります。この意思決定は，出資者が出資の見返りについて発案者と合意していることも含まれます。第3段階は，プロジェクト遂行の具体的な意思決定です。ゲームの脚本家やアニメーター，プログラマー，声優，音響や作曲，といったスタッフをどう確保するか，手伝ってくれる従業員をどう雇用するか，販売戦略をどうする

か，意思決定が必要です。さらに第4段階として出資者は発案者との約束通りの見返りを手にできるか確かめます。「進み具合はどう？」と監視しつつ，作業の進捗や収支状況など，第3段階の意思決定について再確認します。

　この一連のプロセスは，(1) 発案 (initiation)，(2) 承認 (ratification)，(3) 遂行 (implementation)，および (4) 監視 (monitoring)，の4段階に分けられます。この4段階のうち，(1) の発案と (3) の遂行はプロジェクトに対する主体的な意思決定であり，いずれも**マネジメント**の意思決定です。一方，(2) の承認と (4) の監視は，プロジェクトに対する客観視が活きる点で**コントロール**の役割を果たすものです。自分で資金を集めて単身でこれら4段階をこなせるなら分業は必要ないかもしれません。しかし様々な分野の才人が，それぞれの先端的な技術を活用して長期間取り組む必要のあるゲームソフトを作るとなれば，出資者の協力とともに意思決定における多方向な慎重さも必要です。発案段階では思いもよらなかったアーティストに協力を呼びかけてくれる出資者も現れるかもしれません。株式会社は，出資者と経営者の役割分担を通じて，事業規模の拡大を可能とする組織形態なのです。

　経営者はコントロール役の対価として，プロジェクトが得た利益金をどのように処分するのかの決定権を含め，会社の財産に対する所有権を与えます。経営者はマネジメント役としての権利を保持しつつ，コントロール役の権限と所有権をワンセットにして株主に切り売りします。この切り売りを通じて，資本金を集めることと株主にコントロール役を果たしてもらえることを同時に達成できるのです。株主はコントロール役を果たした報酬として配当が得られます。経営者の気心の知れた相手が株主になることもあるでしょうが，経営者は有限責任の性質を利用することもできます。有限責任ですから，無限責任と比べて出資に気軽さが備わります。この気軽さから出資してくれる人を不特定多数の投資家から募ることができます。取引所に上場すれば投資家どうしで株式は転売されます。所有とコントロールの分離は株主としての権利を資本市場に解放することなのです（Fama and Jensen, 1983）。

株主の権利は法律で保護もしくは制限されます。世界各国を比較しても，法体系によって資本市場における投資家の権利保護の度合いが異なることが知られています（La Porta, Lopez-de-Silanes, Shleifer, and Vishny, 1998）。現在の日本の会社法は，株式を1株以上持つ株主には，配当請求権（105条1項1号），会社が解散した場合の残余財産請求権（105条1項2号），株主総会での議決権（105条1項3号），あるいは計算書類を見る権利（442条3項）などを認めています。株主総会で議案を提案できる権利は1株以上の株式を持つ株主に認められていますが，会社が提案した議題に沿って案を出すことに限られています（304条）。一方で，議決権を1％以上持つ株主には株主総会の議題を提案できる権利（303条）が認められています。

3.2.2　所有と経営の分離

▶ 株主と経営者の利害調整

　取引所での売買が続くと，不特定多数の株主がバラバラに株式を所有するようになります。このため多くの株主はコントロール役を果たせなくなります。こうした状況は，**所有と経営の分離**（separation of ownership and management）と呼ばれます（Berle and Means, 1932：増地, 1936）。「所有とコントロールの分離」は，株主と経営者の協力関係を指す理念を指します。一方の「所有と経営の分離」は，株主の利害に反したマネジメントがとられかねない現実の傾向を指します。株主と経営者は，利害関係者，つまり**ステークホルダー**（stakeholders）として対立する現実があるのです。

　ステークホルダー間の利害調整の仕組みを**コーポレート・ガバナンス**（corporate governance）と呼びます。現在の日本では，従業員，顧客，取引先，債権者，地域社会をはじめとする様々なステークホルダーとの適切な協働に努めるべきだとする上場企業のガイドラインがあります（東京証券取引所，2021）。株主と経営者の利害対立がどう着地するにせよ，様々なステークホルダーへの配慮ともすれば環境問題や社会問題に

関与することが求められてもいます（広田，2012; Hart and Zingales, 2022）。だからこそ，株主と経営者の利害対立という根本的な問題について，どのような着地点が見出されるのかを整理しておきます。

株主の利害としては，リスクに見合ったリターンが得られるかどうかが議論の核心です。株主は利益金が許す限り高い水準の配当所得が得られますので，リスクの高いプロジェクトを許容できるかもしれません。一方の経営者はプロジェクトの失敗を理由とした解任を避けるべく，低リスクのプロジェクトを好むかもしれません。その場合，経営者に対し銀行は同調しやすくなります。銀行は，契約に定めた利子の支払いと元本の返済を優先しますので，リスクの高いプロジェクトを避けます。リスク回避的な経営者は株主と対立する一方で銀行と歩調をそろえやすいのです。

▶ 残余請求者

株主と経営者の利害調整は，どちらが**残余請求者**（residual claimants）となるかで決着します。残余請求者とは，**残余所得**（residual income）の請求権を持つ立場のことです。残余所得とは，様々な費用や資金の返済について契約で確定している分についてプロジェクトの収入から支払った残り分です。残余所得が得られるからこそ，残余請求者は利潤最大化を目指すインセンティブが与えられます。残余所得に限らず，契約を交わす時点では予期しなかった不測の事態も含め，契約に書き込まずにいた案件は生じかねません。こうした残余の案件に関するコントロール権（residual rights of control）を持つのも残余請求者です（Hart, 1995；村瀬，2016）。とはいえ株主と経営者のどちらが残余請求者であるのかは，当事者間での暗黙の了解とされがちで契約に書き込まれないことも少なくありません（柳川，2013）。

株主が残余請求者となる場合，株主総会での議題提出だけでなく，経営者となる人材の手配や取引先企業の斡旋を通じて利潤最大化を目指します。上場企業であれば経営業績の低迷は株価低迷をもたらしますが，株価低迷の責任をとって経営者を解任することもできます。株価が低迷

した企業はM&Aのターゲットにされやすく，M&A実施後に経営者が解任されるかもしれません。解任のプレッシャーもまた経営者の襟を正します（村瀬，2016）。とはいえコントロールにはコストがかかります。ある株主がコントロール役を果たした場合，他の株主はコスト負担なしで成果に便乗できます。便乗されてまでコントロール役を買って出る株主はレアな存在ですが，配当取得を通じて圧倒的な配当取得が見込める大株主なら話は別です。この見込みのもとでコントロール役を「買って出る」のがM&Aです（Siglitz 1985; Shleifer and Vishny 1986）。

経営者が残余請求者となる場合には株主が利益金処分を経営者に一任していることにもなります。この場合でも株主は，役員賞与を通じて経営者に金銭的インセンティブを与えています。株主の間で誰がイニシアチブを取るのかについての調整が難しい場合の妥協点として，経営者を残余請求者とすることができます。プロジェクトのリスクとリターンに関しては，株主が経営者および銀行の主張を受け入れることにもなります（広田，2012；村瀬，2016）。

コーポレート・ガバナンスは，どの資金提供者の発言力が強いのか，つまりリスクとリターンをめぐってプロジェクトに対して株主と銀行のどちらの発言力が強いのかでタイプ別に分かれます（Allen and Gale, 2001；村瀬，2016）。株主が残余請求者となる仕組みが**市場中心システム**（market-oriented system）です。一方，株主が残余請求者の座を経営者に渡すことで，リスクとリターンに関して銀行の主張が通りやすくなる仕組みが，**銀行中心システム**（bank-oriented system）です。

日本では，1930年代に市場中心システムが全盛を迎え，1960年代に銀行中心システムが全盛を迎えました。第2次大戦後の日本では，持株会社が解体された後でM&A，とりわけ海外からのM&Aが懸念されるようになります。1964（昭和39）年に日本はIMF（International Monetary Fund）という国際機関の協定のうち第8条に定められた義務を受託します。このIMF8条国への移行により，M&A防止策が必要となりました。かつて持株会社の傘下にあった会社や取引先どうしが互いに株式を所有しあっていましたが，こうした株式持ち合いが防止策としても

広まったのです。このため多くの会社の大株主リストに取引先や得意先となる会社が並びます。どの株主が残余請求者になるか，どの会社も調整が難しくなったために経営者が残余請求者となり，株主に対して銀行の発言力が強くなったのです（岡崎，1993；1999；Okazaki, 2001；Hoshi and Kashyap, 2001；宮島，2004；寺西，2011；Franks, Mayer, and Miyajima, 2014；川本，2022）。

　三井家は残余請求者でした。三井家憲では，各営業店の利益金のうち重役賞与や諸費用の残りの3分の1を「同族予備積立金」として積み立てるよう規定しています（第80条）。なおかつ三井家憲の第105条では，三井家憲で明文化されていない案件については宗竺遺書や三井家の旧来の慣行に従うものと定められました（第105条）。こうした規範を通じて，三井合名は所有権制度に適応したのです。

　産業化は，大規模かつ多額の資金を要する様々なプロジェクトが社会的に要請される局面です。にもかかわらず銀行の取付騒動が頻発するなど金融システムは不安定な要素も抱えていました（寺西，1991；2011）。その産業化局面にあって，三井合名は一族の原点となる規範のもと，ときにはM&Aを活用して事業の規模と範囲を広げました。こうした残余請求者としての株主たちが，日本の産業化の一翼を担ったのです。

3.2.3　事業の規模と範囲の拡大

▶ 規模の経済性と範囲の経済性

　M&Aは事業の規模や範囲を広げる手立てなので，**規模の経済性**（scale enconomny），もしくは**範囲の経済性**（scope economy）を享受することにつながります。これら2つのうち，前者は事業の拡大，後者は事業の多角化をフォーカスする概念です。いずれも「複数の企業が別々に生産するより1社がまとめて生産する方が低コストになる」ことを示します（Baumol, 1982；Baumol, Panzar, and Willig, 1982）。

　規模の経済性は，平たくいえば大量生産のメリットです。例えばゲームソフト製作会社がオンラインゲームを提供する際には，設備費，開発

費，さらに広告費などのコストを投じます。オンラインゲームにはネットワーク外部性（ユーザ数が増えるほどユーザの満足度が高まる性質）があります。話題が話題を呼ぶなど，ユーザ数が増えることでさらにユーザを巻き込むことができます。ここに規模の経済性が生じるのです。裏を返せば，ユーザ数が少ないレベルではコスト面で非効率に陥っていることになります。規模の経済性を享受するために，企業どうしがM&Aによって1つの新しい大規模な企業になる選択肢もあるわけです。

　範囲の経済性は，平たくいえば事業間の補完的関係です。例えば任天堂株式会社はソフトウェア，ハードウェア，さらにはキャラクターグッズなど複数の事業を展開しています。ソフトウェア事業での広告費は，ハードウェアの宣伝も兼ねます。「スーパーマリオブラザーズ」のような爆発的なヒット作をベースとして，キャラクターグッズ事業や映像コンテンツ事業が成立します。ゲームを創るコストが他の関連事業のコストを兼ねているのです。こうした**コストの補完性**（cost complimentarities）を活かせている企業は，コスト面で効率的とみなせます。範囲の経済性あるいはコストの補完性を享受するために，企業どうしがM&Aを実行する選択肢もあります。

　コストの補完性を活用する他の例としては，自動車会社が自動車を販売するだけでなく自動車ローンのクレジットを提供する戦略があります。トヨタ自動車は，金融事業を発展させるため，2000（平成12）年にトヨタファイナンシャルサービス株式会社を完全子会社とし，この子会社が持株会社となってさらなる独立した傘下会社に金融事業のマネジメント役を委任しています。コストの補完性を活用するために，1つの会社内で複数の事業を展開するのではなく，持株会社方式が採用されたのです。

▶ **効率性を享受できるのか？**

　規模の経済性や範囲の経済性を新たに享受しようとすれば，抜本的な組織再編を余儀なくされます。こうした組織再編が効率化を導けば良いのですが，むしろ非効率性を生み出すこともあります。

2000年代日本の金融再編は，残念ながら非効率を生み出した好例です。この金融再編では，三菱UFJフィナンシャル・グループ，みずほフィナンシャル・グループ，そして三井住友フィナンシャル・グループといったメガバンク（三菱UFJ銀行，みずほ銀行，三井住友銀行）を中心として金融機関を子会社とする金融持株会社が設立されました。メガバンクは都市銀行を核にしたM&Aによって成立した銀行です。

　メガバンク成立時，旧都市銀行がそれぞれ管理していた情報をどのように共有して管理するのか，仕組みをすぐに打ち立てられなかったのです。財務指標や株価のような公にされた**ハード情報**（hard information），つまりカタい情報なら再収集は容易です。しかしながら個々の借り手に関する**ソフト情報**（soft information），つまり外部からはつかみどころのない情報の再収集は時間を要します。ソフト情報を蓄積していることが銀行の本来の強みですが，蓄積されたはずのソフト情報について毀損が生じたのです（小倉・内田，2008；内田，2010）。

　組織再編が非効率をもたらすかどうか，その見極めとしてまず第1に留意すべきは**取引コスト**（transaction costs）です（Williamson, 1975; 1996）。つまり，組織内取引のコストを抑えられるかどうかです。削減すべきは，間違っても人件費ではありません。ここで重要なのは，再編された組織のなかで従業員どうしが連絡しあう際の阻害要因を払拭できるかどうかです。持株会社方式を活用する際には，そうした取引コストを削減する工夫が求められてきます。持株会社方式を採用した日本の鉄道会社5社（阪急阪神，京阪，近鉄，西武，相鉄）では，事業部門間で管理職が異動する際に非公式な場での事前の情報交換が行われています。こうした情報交換が部門間の取引コストを削減していることを突き止めた研究があります（Nakamura, Sakai, and Shoji, 2018）。

　もう一つ留意すべきは組織の能力です。1966年，アニメ映画，映画音楽，キャラクターグッズ，および出版など複数の事業で才能を発揮したウォルト・ディズニー（Walt Disney）が亡くなります。彼の死後，ウォルト・ディズニー・プロダクション（Walt Disney Production）は実写映画製作中心の体制に再編されました。各事業の補完的な関係が壊

されただけでなく，アニメーション製作の有能な人材流出によりかつて会社組織が得意とした能力が失われました。1984年敏腕プロデューサーのマイケル・アイズナー（Michael D. Eisner）がCEO（chief executive officer）に就任します。1986年にウォルト・ディズニー・カンパニー（The Walt Disney Company）として社名変更された同社は，アイズナー会長のもと，ウォルト・ディズニー時代の栄光の復活を目指します。しかしアニメ製作に関しては自社の能力では間に合わず，ピクサー（Pixar Animation Studios）に依存せざるを得ませんでした。2006年，同社は子会社化されます。事業間連携を強化する目的から，ルーカス・フィルム（Lucasfilm Ltd. LLC）やマーベル・コミック（Marvel Comics）も傘下となりました。組織再編は組織の能力に影響し，組織の能力の変化は組織再編を必然とするのです（Argyres and Zenger, 2012）。

事業の規模と範囲を広げる際には，組織の能力を見失うことなく組織内取引コストを削減する工夫が必要となります。そうした工夫に関して歴史から見えてくるのは，人間の寿命を超えるほど存続してきた三井家やディズニーのような組織でさえ，すんなりと成功し続けられるわけではなかったということなのです。

ゼミナール課題

課題1

国立国会図書館HP（URL: https://dl.ndl.go.jp/）を用いて「財閥」というワードで書誌検索してみましょう。刊行年次を1900年から直近まで，1年ずつ区切ってみた場合のヒット件数の推移を把握して下さい。なお，国立国会図書館HPでの検索対象となる文献総数が刊行年次ごとに違いますので，この違いをコントロールする場合にはどうすれば良いかという点にも留意して下さい。

課題2

あなたにとって身近で，なおかつデータや資料が入手しやすい産業を1つ

選んで，近年におけるM&Aの状況について整理してみましょう。

ゼミナール課題

第4章

どうすればイノベーションを実現できるか？
：東京製綱

本章は，第1節では明治期における東京製綱のワイヤロープ開発について事実関係を整理しつつ，第2節ではイノベーションをめぐる経済学の議論について説明します。

本章の要点は次の2点です。

■東京製綱は，既存製品の研究開発と新製品の研究開発を「2本立て」で進めるガバナンス構造のもと，大学の研究者と現場の技術者との知的コミュニケーションを下支えにするイノベーションを達成した。

■イノベーションは，組織内のインセンティブ設計だけでなく，市場の競争状況や政府の政策など様々な要素の組み合わせのなかで達成される。

4.1　東京製綱のワイヤロープ開発

4.1.1　ワイヤロープ

▶ ワイヤロープのマクロ経済学的な性質

　ワイヤロープとは，鋼製の針金をより合わせて作った綱のことです。日本語としては鋼索とも呼ばれます。ワイヤロープの用途は，船舶，漁業，鉄道・ケーブルカー，自動車，自動二輪車，クレーン，エレベーター，掘削，送電，航空機，あるいはロープウェイなど様々な分野に渡ります。マクロ経済学では中間財と最終財という概念があります。中間財としてワイヤロープを思い浮かべ，最終財としてワイヤロープが建物や乗り物の随所で用いられる街の光景を思い浮かべても良いでしょう。生産設備の一部として用いられているならワイヤロープは資本財ともみなせます。こうしたワイヤロープの開発は，B2B（business to business），つまりは企業間取引（もしくは中間財取引）を通じて様々な産業の発展に貢献したことになります。

　本章ではワイヤロープ開発をイノベーション（innovation）の一例として取り上げます（イノベーションという言葉の意味についてはコラム欄をご参照下さい）。欧米各国でも19世紀後半から20世紀前半にかけてワイヤロープ開発が盛んになりました。当時の日本は産業化のただなかでしたが，諸外国でもワイヤロープによるイノベーションが追い求められたのです。この開発競争に，日本企業も名乗りを上げることになるわけです。

▶ 19世紀の先端的産業としてのワイヤロープ

　ワイヤロープ開発の難しさがどこにあるのかをお示ししておきます。ワイヤロープは，製品として多様な性質を持つ一方で用途もまた多種多様です。ですので性質と用途のマッチングを特定することが容易ではないのです。この点を少し掘り下げておきましょう。図4-1はワイヤロ

図 4-1　ワイヤロープの構成

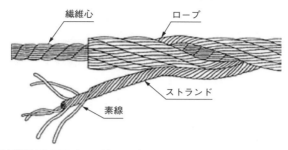

（画像：東京製綱 HP, URL: https://www.tokyorope.co.jp/product/wirerope/outline.html）

図 4-2　ワイヤロープの断面例

3 ストランド　　　　　6 ストランド　　　　　8 ストランド

（画像：東京製綱 HP, URL: https://www.tokyorope.co.jp/product/wirerope/outline.html）

ープの構成を示しています。素線と呼ばれる細い糸状の金属をより合わせてストランドと呼ばれる束を作り，ストランドをさらにより合わせることでワイヤロープが出来上がります。ストランドの断面は円の他にも楕円や三角形などさらに多様な形が考えられます。ストランドの形状や本数も多種多様です（図 4-2）。こうした断面それぞれについて，ストランドをどのようにより合わせていくのかも多種多様です。何度も何度も「多種多様」と恐縮ですが，そもそも素線やストランドをどのような化学成分のものにするかについても多種多様なのです。

「じゃあ一体どれが一番いいんだよ！」って思いませんか，思いますよね。実は，ワイヤロープに求められる性質は多種多様なので，どれが

良いのか一概には言えないのです。頑丈なワイヤロープを要望する声もあれば，しなやかさを重視する向きもあります。千差万別なニーズに対し多種多様なワイヤロープのなかから「これだ！」というワイヤロープを特定化しなくてはなりません。そうした特定化したタイプを量産化できるにはどうすれば良いのかを深く掘り下げる作業も要請されてくるのです。先ほど「B2B」という言葉を使いましたが，こうしたニーズとタイプのマッチングがB2Bに不可欠となります。

　金属化学が発達しつつあった19世紀にあって，ワイヤロープ開発は先端的な学術成果が必要な先端分野の一つでした。1830年代ドイツでワイヤロープが開発されたのを機に，19世紀後半にはイギリスやアメリカでも研究開発競争と各種の特許取得が進みます（貝塚商工会議所製綱活性化研究会，1992；谷口，2012；Verreet, 2018; Yokoyama, 2023）。

　日本でワイヤロープ国産化を担ったのが1887（明治20）年創業の**東京製綱**です。同社はもともと麻製ロープのメーカーでした。ワイヤロープ国産化をスタートするのは1898（明治31）年です。ワイヤロープ開発では不反発性（切断しても切断面でストランドがバラバラにならない性質）のロープをどのように作るのかが開発者にとって大きな壁でした。19世紀の段階でも欧米でこの技術の特許が取得されますが，現在でも用いられている基礎的な技術は1920年代まで欧米諸国では開発されませんでした（Verreet, 2018）。東京製綱は1927（昭和2）年時点で40件の特許を取得していましたが，このなかに不反発性ロープに関する技術が含まれています。東京製綱は，欧米に並ぶ技術開発力を備えるようになったわけです。

　これからお話しするのは，その東京製綱が，麻のロープ生産と並行しつつ，ワイヤロープ国産化を軌道に乗せるまでの道のりです。

4.1.2　東京製綱の創業

▶ 麻製ロープからのスタート

　東京製綱の創業メンバーは，渡部温，赤松則良，および山田昌邦の3

人です。3人とも沼津兵学校で教鞭を取っていた仲でした。このうち渡部は大蔵官僚としての経歴があり，渋沢栄一と接点がありました。1887（明治20）年3月渡部と渋沢の2人が総代として東京製綱会社の創業認許を得ます。東京府麻布区（のちの東京市，現在の東京都港区）による認許の直後，発起株主15名の株主総会を経て，渡部が社長に，そして渋沢と三井物産の益田孝が取締役に就任します。

製綱工場の支配人に就任したのが山田昌邦で，ロープ生産のマネジメントは山田が事実上の責任者となります。渋沢と益田の2人は取締役でもあり株主でしたが，いずれも取引先を仲介できるアドバイザーとしての強みがありました。益田は創業に際してニューヨークから製綱機械を取り寄せています。一方の渋沢は海運会社最大手の日本郵船（第7章参照）を取引先として引き合わせています。

▶ 漁業と海軍

東京製綱の主力商品は漁業向けのマニラ麻製ロープでした。漁業では藁やシュロ（ヤシ目ヤシ科）を原料とする手作りの縄が伝統的に使われていました。東京製綱の営業の甲斐あってマニラ麻製ロープが普及しますが，後年にはトロール漁業が発達することでさらに漁業方面からのニーズが高まります。

マニラ麻製ロープ生産の一方で，東京製綱は大麻製のロープの生産にも注力しました。大麻製の柔らかさを好んでその主たる買い手となったのが海軍です。海軍とのパイプは創業メンバーの赤松則良が海軍所管の横須賀造船所の主船寮長官だったことに由来します。東京製綱創業に際しては，同造船所の技術者が「十数名」引き抜かれたほどです。1889（明治22）年に明治政府の払下げ事業の一環として，東京製綱は横須賀造船所の製綱機械を買い取ります。この買い取りを通じて海軍は太客となります。図4-3は1888（明治21）年から1909（明治42）年に至る東京製綱のROA（return on asset）の推移を示します。ここでのROAは純益金を総資産で割った値です。1894（明治27）年から1895（明治28）年にかけての山と，1904（明治37）年から1905（明治38）年にか

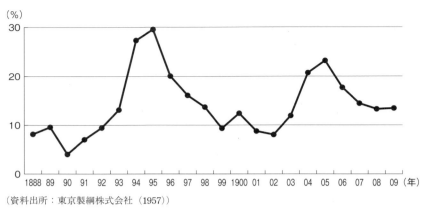

図 4-3 東京製綱の ROA（%）：1888-1909

（資料出所：東京製綱株式会社（1957））

けての山が確認できます。前者は日清戦争の影響，後者は日露戦争の影響が窺えます。海軍は太客だったのです。ワイヤロープ開発はこの 2 つの山に挟まれた谷の時期にスタートします。

4.1.3 ワイヤロープ製造の開始

▶ 輸入ワイヤロープの脅威

　欧米各国で開発が進んでいたワイヤロープの利便性は，1870 年代には日本でも広く知られていました。明治時代，日本で科学技術の啓蒙を進めた著述家に大鳥圭介という人物がいます。彼は北海道開拓使での経験をもとにワイヤロープの利便性を解説しています（大鳥，1879）。1880 年代になると，高田商会あるいはルーカス商会といった商社が，イギリス，ドイツ，アメリカ，あるいはベルギーのワイヤロープの輸入を取り扱うようになります（飯塚，2009）。

　表 4-1 は 1888（明治 21）年から 1897（明治 30）年までの期間 I と，1898（明治 31）年から 1909（明治 42）年までの期間 II について，日本国内のワイヤロープ輸入額（万円，A），東京製綱の売上高（万円，B）

表 4-1　国内ワイヤロープ輸入額（年平均，1934-36 年価格）と東京製綱売上高

	A：ワイヤロープ輸入額 （万円）	B：東京製綱売上高 （万円）	(A/B) ×100
期間Ⅰ：1888-1897			
平均値	18.3	46.8	39.1
標準偏差	10.2	23.0	
期間Ⅱ：1898-1909			
平均値	44.5	162.7	27.4
標準偏差	19.3	59.1	

（資料出所：東京製綱株式会社（1957），飯塚（2009），および大川・高松・山本（1974, 付表））

の平均値と標準偏差を示しています。売上高および輸入額はそれぞれ製造業デフレータおよび輸入デフレータで実質化されています。東京製綱がワイヤロープ国産化する以前が期間Ⅰ，以後が期間Ⅱです。輸入ワイヤロープの輸入額は 18.3（±10.2）万円から 44.5（±19.3）万円に増えています。一方で東京製綱の売上高も 46.8（±23.0）万円から 162.7（±59.1）万円に拡大します。

表 4-1 に関して，東京製綱のワイヤロープの売上高データはないのですが，主力商品は相変わらず麻製ロープと考えられます。その上で，輸入額と売上高の比率を見てみましょう。期間Ⅰではワイヤロープ輸入額は東京製綱の売上高の 39.1％を占めます。海外資本が東京製綱の 4 割ほどの売上実績をマークしていたことになります。東京製綱がワイヤロープを国産化するにあたっては，それだけ大きな実績を残している海外資本との競争を決意しなくてはならなことになります。

▶ ワイヤロープ開発をめぐる対立と帰結

東京製綱の経営陣は，ワイヤロープ国産化に積極的か消極的かで溝が生じます。積極姿勢を見せたのはマネジメント役だった山田昌邦，そして時期尚早を訴えたのが益田孝です。欧米でも開発競争の途上にあるワ

イヤロープの国産化に反対意見が出るのは無理もありません。ましてや益田孝はマニラ麻ロープの生産設備さらに製品の取引先を確保することに奔走した張本人です。

　1896（明治29）年11月，益田は取締役を辞します。翌1897（明治30）年1月，渡部温が健康上の理由で社長職を辞します。2人の辞職を受けて渋沢栄一が会長となり，山田が専務取締役に就任します。名目上は渋沢がトップですが，むしろ山田のマネジメント役としての権限が強化されたのです。同年4月臨時株主総会では株主も国産化に参同します。

▶ ワイヤロープ国産化

　懸念を表明する声が上がりましたが，山田の必死の説得によりワイヤロープ製造の事業発案が承認されます（Yokoyama, 2023）。

　ワイヤロープの生産拠点として東京市深川区に新しい工場が建設されることになりました。新工場には300名ほどの工員が配置され，ワイヤロープ製造用の機械が英国から取り寄せられます。この取り寄せの仲介役となったのは，横浜で「英一番館」と称された貿易会社，英国ジャーディン・マセソン商会です*1。

　ワイヤロープ製造に投入される労働力と資本を取り寄せることができました。あとは労働力と資本をマッチさせれば良い話です。英国から技師ウィリアム・ヘンリー・ウードと職工長ジョセフ・ウィルソンが招聘されたのです。

　ここで想定外の事態が起きます。招聘された技師ウードと職工長ウィルソンが，機械の運転方法も含めてワイヤロープ製造の知識や技能を全く習得していなかったことがすぐにバレてしまうのです。思いがけないつまずきのなか，山田に2人の救世主が現れます。一人は若手社員の戸村理順、もう一人は研究者の俵国一です。

　戸村が入社した際の配属先は会計掛でした。彼は日ごと倉庫で会社の歴史を学んだり，許可を得て商船学校に出向いてロープの使い方を体得

＊1　ジャーディン・マセソン商会（Jardine Matheson Holdings Limited）。1832年設立。イギリス東インド会社を前身とする貿易商社。

したりしていたことで，勉強熱心さは社内でも有名でした。戸村の勉強熱心さは山田の目に止まるところとなり，戸村はワイヤロープ拠点の深川工場に配属されます。戸村は技師のウードと会話を重ね，彼の父親からワイヤロープに関わる絵図面を取り寄せることに成功します。加えて，戸村には古河鉱山に勤務する友人がいました。戸村はその友人から，金属加工における顕微鏡の重要性とともに，若手研究者として俵国一の存在を知ります。そこで戸村は，当時国内に数台しか存在しなかった新式の顕微鏡を会社の経費で購入するよう手配した上で，俵国一を招聘します（Yokoyama, 2023）。

俵国一は，1897（明治30）年に東京帝国大学工科大学採鉱冶金科を卒業し，助教授に就任したばかりの気鋭の研究者です。東京製綱の招聘を受け，俵は自らの専攻分野である金属組織学について工員へのレクチャーを重ねます。一部の工員たちは新式の顕微鏡の使用法も含めて金属加工の基礎を習得していきます。従来通り麻製ロープの製造と開発に尽力する工員と，ワイヤロープの開発に試行錯誤を重ねる工員とが東京製綱を支えたのです。俵は後年，大学の研究を企業の現場の技術者が役立てることを重視する姿勢から「技術教育の父」と称されます（俵先生記念出版委員会，1959）。

1900（明治33）年，東京製綱は職工奨励金を定めます。この奨励金はいわば皆勤賞です（**史料4-1**）。

[**史料4-1**] 職工奨励金
「一ヶ月皆勤の者，賃金三十銭以上の者は金七十五銭，同二十九銭以下の者，金五十銭」
（東京製綱株式会社，1957，260頁。一部，仮名・漢字・句読点等を現代語として修正）

当時は高等文官（国家公務員）の月給が50円でした（朝日新聞社，1988）。ですから**史料4-1**の報酬は研究開発の報酬としては多額とは言い難い額ですが，会社としては日々の生産と試行錯誤に参加させるため

4.1 東京製綱のワイヤロープ開発

97

のインセンティブ付与でした。

　やがて試行錯誤の成果が現れます。1902（明治35）年，横須賀海軍造船所で行われた耐力実験において，東京製綱製のワイヤロープがイギリスのトーマス・スミス社製のワイヤロープを凌駕するという結果が得られたのです（木下・河野，1903）。同年，俵国一は『金属組織学』と題した著書を刊行しますが，このタイミングで東京製綱の工員たちは応用技術を開花させたのです。1905（明治38）年には小林久吉商店（後の八弘鉱油）が開発したワイヤロープ用グリースを使用できるようになります（谷口，2012）。

　こうしたワイヤロープを鉱山あるいは石油の採掘で活用すべく，販売に貢献したのが守谷商会です。創業者の守屋吾平は，三井物産に勤務した経験から顔の広い人物でした。彼は，渋沢栄一が創業に貢献した王子製紙にも勤務していたことから，東京製綱の製品を取り扱う商社の座を獲得します（飯塚，2009）。

❖コラム：歴史のかけら（4）「イノベーションは技術革新？」

　経済学者シュンペーター（Joseph A. Schumpeter, 1883-1950）は，経済成長の促進要因として新結合（new combination）という概念を提起しました（Schumpeter, 1934）。ここでいう新結合とは，(1) これまで知られていなかった財，(2) これまで生産されてきた財の新しい生産方法，(3) 新しい販路，(4) 新しい生産要素の確保，あるいは (5) 新しい組織，が生み出されることを指します。これら5つのタイプのいずれかの新結合を実現することがイノベーション（innovation）です。

　1956（昭和31）年，経済企画庁『経済白書』で「技術革新（イノベーション）」という訳語が用いられたことで，日本では「技術革新」という言葉がイノベーションの訳語として普及します。もっとも，技術史分野からはこの訳語に対する違和感がすぐに表明されます（星野，1958）。やがては「新結合」あるいは，イノベーションというカタカナが訳語として徐々に広まります。2008（平成20）年に制定された研究開発力強化法では，法律でイノベーションというカタカナが用いられていますが，そこで用いられた定義はシュンペーターの定義に準拠したものでした

（小林，2018）。

　イノベーションは，生み出されたものの何が新しいのかによってタイプ別に示すことができます。例えば，新しさが製品やサービスにあるのかそれとも生産工程にあるのかで区分する視点があります。この場合，新製品や新しいサービスを指すプロダクト・イノベーション（product innovation）と呼び，同じ製品やサービスを新しい生産工程で生産するようになったことを示すプロセス・イノベーション（process innovation）と呼びます（Utterback and Abernathy, 1975）。

　さらなる別のタイプ分けとして，イノベーションの程度を漸進的（incremental）か急進的（radical）かに呼び分けることもできます。先ほどのプロダクト・イノベーションかプロセス・イノベーションを用いると，

(1) 漸進的なプロダクト・イノベーション
(2) 漸進的なプロセス・イノベーション
(3) 急進的なプロダクト・イノベーション，そして，
(4) 急進的なプロセス・イノベーション

の4つの呼び分け方でイノベーションを捉えることができます。

　こうした呼び分けは便宜的なものです。正直なところ筆者は心の中で「すっごい変化」と字幕をつけています。研究者や実務家は細かいニュアンスのもと慣例的に様々な呼び分けをしています。清水（2022）やその参考文献に目を通してみて下さい。

4.2　イノベーション

4.2.1　研究開発のモチベーションとインセンティブ

▶ 何が特許へと導くのか？

　技術者の多くは，内発的な動機，モチベーションに動かされて研究開発に勤しんでいることが一つの側面として指摘できます。表 4-2 は，2007年実施のアンケート調査（特許出願のデータベースをもとに5,097件の被用者，および114件の自営業者を対象とする）の結果の一部です。発

表 4-2　特許を取得した研究開発の動機

	被用者 （%，N=5,097）	自営業 （%，N=114）
金銭的報酬	3	13
研究予算	2	6
名声・評判	2	7
キャリア向上・良い仕事の機会	4	6
所属組織のパフォーマンス	13	12
科学技術の進歩への貢献度	17	28
チャレンジングな技術課題の解決	40	42

（注：各項目に対し重要度を5段階評価で回答させるアンケートが実施されており，そのうち「5 非常に重要である」の回答頻度をパーセンテージで示している。）
（資料出所：長岡・大湾・大西（2014，図4））

明の動機として「チャレンジングな技術課題の解決」を重視する回答は「金銭的報酬」を重視する回答をはるかに上回っています。

　こうした強いモチベーションを抱く技術者にどうやって勤続のインセンティブを与えるのか，イノベーションを目指す経営者にはこの課題が突きつけられます。

▶ 金銭的インセンティブの有効性と限界

　経営者は第2章の問題に直面することになります。第2章の（2.4）式を，成果 Y によって研究開発の担当者への金銭報酬 W が定まる（4.1）式に書き直しておきます。

$$W = \alpha + \beta Y \qquad (4.1)$$

　固定給 α はリスク負担の身代わりとして経営者が研究開発の担当者に与えるインセンティブです。いわゆるイノベーションを起こすほどの開発に成功すれば成果は計り知れません。だがそうなるとも限らず先行きは不透明です。もしも出来高重視の報酬契約であれば研究開発担当者は

リスクにさらされます。一方で、経営者が担当者に固定給を支払うことで担当者のリスクは軽減されます。このとき経営者は金銭的負担を通じてリスク負担を身代わりしていることになります。こうした身代わりのリスク負担は、経営者が従業員に付与する場合や、株主が経営者に役員賞与を付与する場合でも該当しますが、研究開発に関してはとりわけ典型例となります。

出来高給については4つの問題があります。第1に、事前に決められた期間内でどれだけの経済的価値のある成果が得られるのかについて、契約時点では経営者も技術者のどちらも確約できません。第2に、複数名の1つのチームで研究開発に取り組む場合、誰がどの程度の貢献を果たしたのかを特定することは難しい問題です（学生の皆さんはグループディスカッションで成績評価される際に、ご自身の貢献度がどう評価されるのかを気にしたことはありませんか？）。その発展バージョンが第3の問題です。企業内で複数のチームで研究開発が行われる場合、各々のチームごとの貢献度を特定する難しさもあります。残る第4の問題として、経営者と技術者との間でプロジェクトの質について合意形成をとれるかどうかという問題もあります。例えば、新規性がなく成功確率の高い研究プロジェクトと新規性はあるけど成功確率の低い研究プロジェクトとでは、リスク回避的な技術者は前者を選びがちになります。このとき経営者が後者を選んで欲しいときに齟齬が生じます（Lambert, 1986）。

こうした問題を契約時点でクリアした上で、経営者はモチベーションの高い技術者を集め、企業内の研究開発、すなわちR&D（research and development）を進めなくてはならないのです。

R&Dに対する金銭的報酬が日本で広く議論されるきっかけになったのが、高輝度青色発光ダイオードの問題です。このダイオードを開発した中村修二氏は、日亜化学工業に対して発明の対価について訴訟を起こします。2005（平成17）年、日亜化学工業が約8億4,000万円を支払うことで和解が成立します。ちなみに中村氏はこの発明で2014（平成26）年ノーベル物理学賞を受賞しました。

R&Dへの金銭的報酬が革新的な発明を促すことはいくつかの実証研

究で裏付けられています。例えば1980年代アメリカでは，ストックオプション制度（企業の株式を従業員に所有させる仕組み）を開発者に適用することで，被引用件数つまり引用される件数の多い特許が増大したそうです（Lerner and Wulf, 2007）。2005（平成17）年時点の東京証券取引所上場企業360社の16年間分（1990-2005）のパネルデータセットを用いた実証研究でも，実績報奨制度の導入による金銭的報酬を通じて被引用件数の多い特許の取得件数が増大したことが示されています（Onishi, 2013）。

とはいえ金銭的報酬にも限界的側面があります。民間企業ベースで報奨金が支払われるだけであれば，環境保護に関する研究開発など，社会的には重要でありながら莫大な費用を必要とする研究が躊躇されかねません。補助金政策など，制度設計を通じて研究開発を進ませることも必要になります。補助金の問題だけではなく，複数の企業，大学などの研究機関のネットワーク形成や連携を実現する上でも，政府や地方自治体のサポートも必要となるのです（岡室・西村, 2022）。

▶ 特許制度

イノベーションのインセンティブを与える制度的枠組みといえば，読者の皆さんはすぐに**特許制度**を連想できることでしょう。特許制度が未整備な場合，発明に関するアイデアの盗用，つまりパクリが横行します。1877（明治10）年の第1回内国博覧会では「ガラ紡」と呼ばれた紡績機のアイデアが盗用される事態が生じました。1888（明治21）年制定の特許条例・商標条例・意匠条例は，特許制度の嚆矢でした。1899（明治32）年「工業所有権の保護に関するパリ条約」への日本の参加が発効するタイミングで，3つの条例は特許法・商標法・意匠法に切り替えられます。

特許制度には，新しい知識を知的所有権として保護するとともに，新しい知識の市場を創出する機能があります（清水, 2022）。1909（明治42）年の改正特許法は，使用者主義（企業における発明は経営者に属するという考え方）の原則を打ち立てます。しかし1921（大正10）年の

さらなる改正で発明者主義（職務発明の特許権が発明者に帰属すると考える）原則に方向転換します。こうした制度整備を経て，高峰譲吉のように特許ビジネスに着手する研究者も現れました[*2]。

特許制度をサポートする政策措置としてはR&D投資に関する税制優遇措置もあります。英国の中小企業政策を対象とした実証研究によると，優遇措置を前後して特許件数が飛躍的に増大したことが突き止められています（Dechezleprêtre, Einiö, Martin, Nguyen, and Van Reenen, 2023）。技術者の内発的動機がもちろん出発点ですが，組織内の工夫だけでなく政策的な枠組みも必要となります。

研究開発は，組織内のみならず社会的な枠組みにも配慮しながらインセンティブ設計を構築すべきトピックなのです。

4.2.2 知の探索と知の深化

▶ 両利きの経営

イノベーションを促す条件について，経営学では「**両利き**（ambidexterity）」という答えを提示しています（Duncan, 1976; Benner and Tushman, 2003; O'Reilly, III and Tushman, 2008; 2016；入山，2012；清水，2022）。ここでいう両利きとは，異なる2つの活動をバランス良くこなすことを意味します。その活動として，一つが新たな可能性の探究（the exploration of new possibilities）と，もう一つが従来からのお約束とも言えることについての深掘り（the exploitation of old certainties）というわけです（March, 1991）。前者は知の探索，後者は知の深化と言い換えられます（入山，2012）。ただし，「両利き」という言葉がそもそもの比喩であり，抽象概念でありながら日常用語的であるためか，書き手や話し手によって様々な語義の「両利き」があることも指摘されています（中園，2021）。

本章においては，東京製綱が，麻製ロープとワイヤロープについて

[*2] 高峰譲吉。1854年生まれ。科学者であり実業家。1886年，東京人造肥料（現在の日産化学）を創設，渋沢栄一が同社大株主となる。1922年没。

「2本立て」のR&Dを進めたことを「両利き」とみなすことにします。

1906 (明治39) 年, 東京製綱は月島製綱を合併し, さらに1909 (明治42) 年には日本製綱を合併します。いずれも麻ロープのメーカーであり, 東京製綱は既存の製品について売上高シェアの拡大を目指したのです。トロール漁業の普及により成長分野であったマニラ麻ロープについて, 東京製綱はR&Dを進めて特許を取得します。このように既存の事業規模を深堀りするのが知の深化です。一方で, 東京製綱は輸入ワイヤロープの駆逐を目指してその開発に取り組み, やはりワイヤロープについても特許を取得します。この未開拓のマーケットのためのワイヤロープ開発が知の探索です。山田昌邦は, 深化と探索の「2本立て」を進める「両利き」の組織を経営する立場として先頭に立ったのです。

両利きの経営を進める上では, 新製品のイノベーションに対応する小規模で自律的な組織単位を, 従来からの製品に対応してきた組織構造から分離させておくというコツが知られています (Tushman and O'Reilly, 1996)。東京製綱においては, 深川工場で戸村をリーダーとするR&Dを進めたことが小規模組織の編成に該当します。戸村のように全方位的に問題関心を広く持ち, 人脈や情報を駆使して適切な専門家を探し当てる人材が活躍できたおかげで, 工員たちがその専門家から学術的知識を学んで知識を掘り下げることができました。戸村は「広く学んで自社の技術者に新しい知を紹介できる人」として東京製綱では重宝されたのです。

▶ 2本立てのR&Dを「する」組織か,「しない」組織か

2009 (平成21) 年から2011 (平成23) 年の日本とアメリカの科学論文を対象とした実証研究では, 経営者と研究開発の担当者の分業が確立している場合には, 偶然の発見をきっかけとするイノベーションが実現しにくいそうです (Murayama, Nirei, and Shimizu, 2015)。組織のあり方がイノベーションの方向性を左右するのです。

イノベーションと組織のこうした関係性は, 東京製綱のその後の歴史にも符合します。大正時代, 1910年代の東京製綱では開発現場の活動

表4-3　2本立てのR&Dへのコーディネーション・ゲーム

		役員B する	役員B しない
役員A	する	(2, 2)	(0, 0)
役員A	しない	(0, 0)	(1, 1)

成果に対して経営陣が臨機応変に対応するといったことが見られるようになります。その一つが線材の変更です。イギリス製ではなくスウェーデン製もしくはアメリカ製の線材が適していることが東京製綱社内で突き止められたそうなのです（東京製綱株式会社，1957；1989）。もっとも，技術者がこのような結論を出したとしても，原材料の調達先を変更するには経営陣の判断が必要です。東京製綱が，現場の声がマネジメントのレベルでの意思決定に反映されにくい企業，いわば組織内の取引コストが高い企業であったなら，R&Dの成果も遅れ気味になっていたかもしれません。

　企業がR&Dの2本立てを実践するかどうか，経営陣の意思決定はコーディネーション・ゲームとして捉えることもできます。

　表4-3は取締役会メンバーのAとBのゲーム的状況を示す利得表です（ある特定の個人とその他全員のゲームと見ても良いです）。戦略は，2本立てのR&Dを「する」か「しない」かの二者択一です。取締役会メンバーがそれぞれ別々の選択をすれば，組織内不和によって利得がゼロになるとします。双方とも「する」を選ぶならば利得は2，双方とも「しない」場合は1とします。ナッシュ均衡は「する&する」の組み合せと「しない&しない」の組み合せの2つです。つまり開発力のある企業でも，「しない&しない」組み合わせが選ばれていると取締役会メンバーは「する」を選ぶインセンティブが失われてしまうのです（後述の

「イノベーターのジレンマ」の本質はこの状態です）。

　東京製綱の場合，表4-3のような単純な利得表になりません。まだ日本で実現してもいないワイヤロープ開発で本当に採算が取れるのか，プレイヤーにとって未知数だったからです。山田昌邦は，利得の大きさを説得することで取締役会メンバーの気持ちを変える役回りを演じたわけです。その際に「しない」を選んでいた益田が辞職したことで，山田は思い通りの着地点に辿り着くことができました。山田は株主総会でも株主たちの反対に遭いますが，株主総会においてもやはり利得の高さを強調して説得することになります（Yokoyama, 2023）。

　この表4-3のゲームでは，プレイヤーとなる役員が2本立てのR&Dに対してともに積極的であるかそれとも消極的であるかで着地点が定まります。コーディネーション・ゲームの着地点が企業文化によって決まってくることになるのです（Kreps, 1990；伊藤・小林・宮原, 2019）。例えば，「創業者の理念に立ち返ろう」といった原点回帰の機運が高まることで2本立てのR&Dが実施されることも考えられます。

▶ 文化的な背後事情

　ここで少し注意しておきたいことがあります。2本立ての交流を促す企業文化は，明治の日本企業で広く観察されるものではありませんでした。むしろそうした文化に関して不足を問題視する声さえありました。大蔵省鑑定官など技官を歴任した化学者の山岡次郎は，1904（明治37）年に東京の金属加工業者の集会で招待講演に招かれています。その際に日本の製造業の難点として，職人さんたちを目の前にして，企業と大学の研究者との交流が不足していると苦言を呈します（史料4-2）。

［史料4-2］山岡次郎の講演

「良いものをもって良い品を作るのは誰にでも出来る，悪いもので安い悪い物をこしらえるのもまた誰にでも出来ます。一番難しいのは中等のものをこしらえる，これがなかなかできない…（中略）…中等の品物というものは値段を安くして実用に適するようにこしらえなけれ

ばならぬ，日本にはその中等品がまだないといっても宜しい。…（中略）…そこで初めて技術家が必要になってくる，学問の力がなければ研究がつかない，そこで学者の必要を感じてくる…（中略）…とにかく学者に頼むときは何もかも依頼して自身が研究を尽くした上，足らざる智を借りに行くという観念が少ない。これ今日の弊風であるゆえに学者と実業者は縁が遠くなりがちなり，こういう有様でありますから日本の製造業は今日まで進まぬのでございます」
（山岡，1904，22-24 頁。一部，仮名・漢字・句読点等を現代語として修正）

　山岡のいう「中等品」とは，マーケティングとして捉えるならばボリュームゾーン，つまり商品やサービスが最も売れる価格帯や普及価格帯にある品物のことを指します。山岡は，社内基準がマーケットの動向に一致していなければならないとし，その一致のためには企業の実務家と大学で研究に注力している人材との交流が重要だと論じたわけです。東京製綱が後年「技術教育の父」と称される俵国一を招いたことは，同社にとって貴重なスタートラインだったと言えます（Yokoyama, 2023）。
　企業が R&D を進めることは，自社がイノベーションを生み出すだけでなく，競合他社や産業の外側の知識源（具体的には大学や政府の研究所など）から学ぶためであるとする考え方もあります（Cohen and Levinthal, 1989）。企業が R&D を進めていなければ，外から新技術を学ぶ力も養えないというわけです。
　経済史研究では，イギリスで産業革命が進展した背後事情の一つとして大学の研究者と実務家との知的交流にフォーカスする視点が提起されています（Mokyr, 1992）。双方の知的交流が深まった時代背景として，自然現象に関する人間の知識を生産活動に利用することでより便利な生活を実現しようとした考え方，つまり「産業啓蒙主義（Industrial Enlightenment）」が広がっていました。こうした理念上の要因に加えて，郵便事業あるいは交通手段の発達により手紙を頻繁にやりとりできるようになるという物的な状況も知的交流を後押ししました。研究者と実務

家の交流に関して取引コストが削減されたと捉えることもできます。もっとも，こうした歴史の捉え方に対しては，イギリスの成功体験が美談として強調されているとして，疑問視する声もあります（Yamamoto, 2018）。とはいえ，知的活動の重要性は，経済史研究においても産業革命を考察する重要な切り口とされています。

　明治時代の経済成長について，欧米各国の先進的な技術や知識を日本語に翻訳したこと，すなわちこの翻訳書の普及を通じてキャッチアップが達成されたことを指摘する実証研究もあります（Juhász, Sakabe, and Weinstein, 2024）。技術進歩あるいはイノベーションは，一国にとどまらず，様々な国々との知的交流も視野に含めて把握されるべきものなのかもしれません。

4.2.3　イノベーションと市場

▶ 置換効果と効率性効果

　イノベーションとインセンティブの関わりをさらに別の 2 つの経済学的視点から捉えることができます。一つは置換効果（replacement effect）に対する視点です。もう一つは効率性効果（efficiency effect）に対する視点です。これら 2 つの視点のもと，1 つの結論を導き出せるので先取りしておきます。「既存大手企業は，置換効果が大きければイノベーションを躊躇する一方，効率性効果が見込める場合にイノベーションの恩恵を享受する」のです。ではここから新たに，イノベーションをめぐるインセンティブと躊躇の問題とを合わせて把握していきましょう。

　置換効果とは，新製品のもたらす利益が従来の製品の利益を置き換えたものになっていることを指します（Arrow, 1962）。言い換えれば，新製品と従来の製品が売り場で競い合ってる，あるいは市場でシェアを奪い合っている状況が起きることを指します。新製品が旧製品を「共食い」する，とも表現されます。こうした「共食い」が懸念される場合，つまり企業が置換効果を嫌がる場合は R&D のインセンティブが低下するのです（伊神，2018；花薗，2018；安田，2020；清水，2022）。

置換効果を決定づけるのは，従来の製品と新製品の代替性です。代替性とは，替えが効くことを指します。仮の話，本書を従来品としましょう。さらに仮の話として，国内外の経済学者から高く評価されているだけでなく，テレビや動画配信でも大人気の経済学者が，本書と同トピックで書くテキストを新製品とします。Web 上のプラットフォームで本書と新テキストの画像が並んでも，星印の数やポジティブなコメント数が増えるのは新テキストだと誰しもが思うことでしょう。本書は新テキストの代用にすらなりません。こうした場合，新世社は置換効果を恐れることなく新テキストの出版と増刷を決定できます。寂しくなってきたので効率性効果の話に切り替えます。

　効率性効果とは，別の企業によるイノベーションの利潤より自社のイノベーションの利潤が大きくなるためにイノベーションへのインセンティブが強まることを指します（Gilbert and Newbery, 1982）。ここでいう効率性とは，どの企業がより多くの利潤をもたらすかの話です。置換効果が自社の従来品と新製品の競合を問題とするのに対し，効率性効果はライバル会社との競争を問題としています。企業の強みは資金力，人材，設備，あるいは市場における評判など様々な要素で考えられます。既存大手企業は，こうした強みを活かすことで効率性効果が見込まれるのです（伊神，2018；花薗，2018；安田，2020）。

　またもや仮の話ですが，今度は読者の皆さんに主役となって頂きましょう。あなたが大手 SNS 企業の経営者だとします。優秀な部下から 2 つの報告がありました。一つは新規参入の SNS 企業が新規性のあるサービスを企画していること，もう一つはこのサービスに関して自社に効率性効果が見込まれるとする報告です。あなたはどんな戦略を選びますか？ 現状維持，あるいは自社の技術者に R&D に取り組むよう迫る，いずれでも良いですが，選択肢となるのはその 2 つだけでしょうか？

　もう一つの有力候補となる選択肢が M&A です。効率性効果が期待できるならば，新規プロジェクトを企業ごと取得することで大手の強みを活かして多額の収益が得る道が開けます。例えば 2004 年創業のフェイスブック（Facebook, Inc.：現在の Meta Platforms, Inc.）は，2010 年

にインスタグラム（Instagram）を買収しました。2014年同社はメッセージアプリを開発したワッツアップ（WhatsApp）や仮想空間を楽しむヘッドセットを開発したオキュラス（Oculus）も買収します。これらのM&Aは既存大手が効率性効果に着目してイノベーションの種を抱え込んだ事例です。

先ほど「既存大手企業は，効率性効果が見込める場合にイノベーションの恩恵を享受する一方，置換効果が大きければイノベーションを躊躇する」と記しておきました。イノベーションが起きるかどうかは，置換効果と効率性効果の大きさに依存するのです。もし置換効果が大きいとなれば，新製品を開発するインセンティブは低下します。新製品を開発するインセンティブを失った状態を**イノベーターのジレンマ**（innovator's dilemma），もしくはイノベーションのジレンマと呼びます。イノベーションを通じて先進的な大手としての地位を得たはずの企業がイノベーションを躊躇することでイノベーターの地位を奪われたわけです。先ほど**表4-3**で見たゲームでいえば，イノベーターのジレンマに陥っている企業は「しない＆しない」均衡にとどまっています。こうしたジレンマを防ぐ工夫として「両利き」の組織の重要性が提唱されてきた側面もあります（中園，2021）。

▶ **イノベーターのジレンマ**

経営学者のクレイトン・クリステンセン（Clayton M. Christensen）は，ハードディスクドライブ（HDD）産業を対象とした事例分析を通じてイノベーターのジレンマに着目しました（Christensen, 1997）。HDD産業は，次の5つの点で好都合な研究対象でした。まず，(1) 短期間のうちに技術および企業の世代交代が生じた分野であること，(2) 世代交代の影響が特定の企業にとどまらないこと，(3) あまり多くの産業分野に波及しないことで効果が測定しやすいこと，(4) イノベーションに関する後世の評価が定まっていること，さらに (5) レポート文書調査や当事者へのヒアリングなどターゲットとなる局面への調査がしやすいこと，です。

クリステンセンの着眼に着目しつつ，その方法論の曖昧さを克服するために定量的なエビデンスを提示した研究があります。その分析成果によると，効率性効果の測定を通じて既存企業の優位性を確認した一方で，新製品と従来品の代替性が高い，つまり置換効果がはるかに大きいことが定量的に把握できるというのです（Igami, 2017；伊神，2018）。こうした研究の蓄積を通じて，既存企業がイノベーターとしての地位を脅かされる状況が浮き彫りとされてきたのです。

　このように，イノベーションは理論分析，実証分析，さらには制度に関する分析など幅広い視点から議論されてきたトピックなのです。

ゼミナール課題

課題1

　ある学生さんが授業を終えた教員にこのような質問をしました。
「僕はピアノを弾いて楽曲を配信していますが，著作権料を支払わずに配信できる楽曲はとても限られてしまいます。もちろん配信すれば違法行為になるのは分かります。今日の授業で，特許制度のおかげで発明者が報酬を得られる機会が保証されることや，アイデア盗用の問題が防げることは理解できました。でも特許制度があることそのものがイノベーションを阻害することはないのでしょうか？」
　皆さんなら何と答えるか，議論して下さい。

課題2

　経済学者シュンペーターはイノベーションについてそれぞれマークⅠおよびマークⅡと呼ばれる2つの仮説を示しました。
　マークⅠ：イノベーションは競争的な市場において新興の企業がもたらす傾向がある。
　マークⅡ：イノベーションは独占的な大企業によって生み出される傾向がある。
　これら2つの仮説はどのように整合的に把握できるか，議論して下さい。

第5章

どうすれば経営者の不正を防げるか？
：日糖事件

　本章は，第1節では明治時代の企業の不祥事である日糖事件を取り上げます。第2節ではモラルハザードについて説明します。
　本章の要点は次の2点です。
■大日本製糖では，経営者が私的利益を優先したことで，粉飾決算や賄賂など，他のステークホルダーのリスク回避にとって不利な状況が生じていた。
■契約当事者の一方の行動が相手から見えない状況に置かれている場合，私的利益を優先するモチベーションが生じる。与えたはずのインセンティブが歪められる格好となることで，契約相手は知らないところで一方的にリスクを高められてしまう。

5.1 大日本製糖と日糖事件

5.1.1 日糖事件

▶ 事件の概要

日糖事件は大日本製糖という企業が起こした不祥事です。大日本製糖は合併により成立した会社です。1906（明治39）年に東京の日本精製糖が大阪の日本精糖と合併して資本金1,200万円とし，社名を大日本製糖に改称しました。1907（明治40）年の日本全国の株式会社（10,087社）の1社平均資本金は11万円です（志村，1969，第1-2表）。大日本製糖はトップクラスの資本金規模をほこる株式会社でした。同社の取締役としてマネジメントの権限を握ったのが磯村音介と秋山一裕の2人です。

1909（明治42）年4月，秋山が検察官舎に出頭し，衆議院議員への贈賄を自供します（小原，1986，35頁）。この自供を機に検挙された収賄議員は合計21名，立憲政友会，進歩党，大同倶楽部の3派に渡り，収賄側にはさらに大日本製糖の株主3名も含まれました。第一審では1名無罪，控訴審で新たに2名無罪となります（雨宮，1969，498頁）。大審院（当時の最上級審の裁判所）への上告はすべて棄却され控訴審の判決が確定しました。贈賄側は2名の取締役，秋山一裕と磯村音介が実刑判決を受け，他5名は執行猶予付きの判決でした（雨宮，1969；小原，1986）。議会制度の根幹を揺るがすこの贈収賄事件が日糖事件です。

贈賄側が収賄側に要求したことは2つあります。一つは大日本製糖の官営化です。大審院（当時の最上級審の裁判所）では，増収側が収賄側に対して大日本製糖の官営化を要望したことが事実認定されています（**史料5-1**）。

[史料5-1] 大審院刑事判決録

「明治四十年（1907年――引用者注）十二月中，秋山一裕，今田鎌太郎

（大日本製糖の株主——引用者注）等が松浦五兵衛，澤田寧その他の衆議院議員に対し砂糖製糖官営法律案を帝国議会に提出せられたき旨の請託をなしたるより，その報酬として右衆議委員議員等に贈与するため金三万円を携えて同月二十三日頃，鎌太郎の居宅に到り之を五兵衛および寧に交付したり」

（中央大学，1891，1853-1854 頁。一部，仮名・漢字・句読点等を修正）

収賄側の議員は法案の提出を約束します。しかし当時の大蔵大臣松田正久らの反対により法案の議会提出は見送られてしまいます（社団法人糖業協会，1962，345 頁）。

▶ 事件の背後事情

贈賄側が要求した案件はもう一つ，製糖会社の保護策を延長してもらうことでした。こちらについて歴史的な背後事情を説明しておきます（大日本製糖株式会社，1934；1960；社団法人糖業協会，1962；久保，2009；平井，2017；武田，2022）。

1894（明治27）年に日清戦争が勃発し，翌年の講和条約により日本の台湾統治がスタートします。台湾の主力産業はサトウキビ栽培です。サトウキビには放置しておくと糖度が低下する性質があります。そのため，栽培地の近くで粗糖（サトウキビの糖汁を固形化したもの）に加工する必要があります。

台湾の粗糖の生産性はジャワや香港に劣りました。大日本製糖をはじめとした内地の製糖会社は安価な粗糖として特にジャワ糖の輸入に依存します。そこで日本政府は関税政策を通じて台湾糖の保護を進めると同時に，台湾糖を輸入する製糖会社の保護を図ります。一方，台湾の製糖事業は日本統治のみならずジャワや香港など東アジアの動向にも影響されながら発展を遂げます。

1900（明治33）年の北清事変，および1904（明治37）年の日露戦争を経て，政府は財政難の打開策として砂糖税増税を実施します。ただし，内地の製糖業者には保護策を講じます。すなわち，1901（明治34）年

に砂糖消費税法により砂糖の原料分の消費税は政府から業者に還付するものと定められました。1902（明治35）年の輸入原料砂糖戻税法によって，5年間の時限立法ながら，原料の関税に相当する額を内地の業者に還付するものとされたのです。

　1906（明治39）年，この時限立法の期限を1911（明治44）年まで延長する改正法案が衆議院に提出されます。これに対して台湾の業者は，日本向けの売上が減退することと，とりわけジャワ糖の躍進を懸念して改正法案に反対します。一方，大日本製糖は延長を求めてロビイングを強めます。最終的には，1909（明治42）年を期限とした短縮案が1908（明治41）年3月に可決されます。このロビイングが，実のところ贈賄だったのです。

　日糖事件は炎上案件となり，夏目漱石の小説『それから』に言及があるほど話題となります。ただし日糖事件は贈収賄事件だけで片付くものではありませんでした。

5.1.2 大日本製糖のダークサイド

▶ 経営難と粉飾

　1908（明治41）年12月，砂糖税増税が実施されますが，増税の動きは前年11月には明らかとなっていました。このタイミングで，大日本製糖は台湾からの粗糖輸入を拡大して砂糖の増産に打って出ます。増税前に量産した砂糖を増税後の価格で販売して利益を獲得することが狙いだったのです。ところが台湾の粗糖生産技術が飛躍的に向上するさなか，競合他社は安価な台湾糖を輸入できるようになっていました。こうした事情から，大日本製糖は在庫処分が進まず，経営難に陥っていきます。

　1908（明治41）年5月，大日本製糖の磯村音介と秋山一裕は第10回衆議院議員総選挙に出馬しています。官営化法案が見送られたのを受け，彼らは国会の場で製糖業の官営化を訴えることにしたのです。選挙の結果，秋山が当選します。大日本製糖の経営難に対する株主や新聞記者の目，さらには秋山と周囲の言動に対する検察の目が光るようになります。

この目の光が磯村と秋山のダークサイドをあらわにします。

　1908（明治41）年11月26日，大日本製糖の株主総会で当半期利益金805,627円の処分案が承認されました。しかしながら翌日付『中外商業新報』（現在の日本経済新聞）が「会場の喧騒を見たる」と報じたほど，議論は紛糾しました。一部の株主が経営内容について調査委員会を設置するよう議案を提案したのです。調査委員会設置案は否決されましたが，監査役として新たに瓜生震が任命されました。瓜生は早速監査に取り組みます。彼の監査報告を瓜生レポートと呼んでおきます。

　1909（明治42）年1月24日の株主総会で瓜生レポートの衝撃的な内容が示されました。80万円以上あったはずの利益金は，実際は損失として報告すべきものだったのです。株主への配当も利益金があると見せかけたタコ配当でした。なおタコ配当とは，無利益配当のことです（タコが自分の足を噛む習性がまるでお腹が空いて食べ物がないので自分の足を食べているように見えたことに由来した呼称です）。同月26日付『中外商業新報』は，欠損金総額が決算時から1月の間にさらに積み上がって293万円に及んだと報じます。

　当時，商法では監査役は株主の中から選出されるものとされていました。このルールは，一見したところ株主が経営者をチェックする枠組みに思えます。しかし当時の株主の多くは会計に関する専門知識を持ち合わせていません。加えて，磯村と秋山は，自分たちの会計報告に文句を言わない人々を監査役に就任させるように仕向けていたのです。

▶ **次々と暴かれた不正**

　1909（明治42）年1月26日付の『都新聞』（現在の東京新聞）は，粉飾の手口（当期利益金を水増しした代わりに未納税金の残額を操作して帳簿上の辻褄を合わせたこと）に言及しています。この手口から明らかなように，大日本製糖は税金の滞納問題も抱えていました。粉飾会計や税金滞納だけではありません。磯村音介と秋山一裕は，粉飾会計や税金滞納のみならず資産代替（asset substitution）や株価操作にも手を染めていたのです。

資産代替とは株主から債権者（銀行あるいは社債保有者など）へのリスク・シフティング（risk-shifting）を指します。会社が債権者から資金を募る際，本来はリスクに関する説明と合意形成が必要です。この説明を怠ったり偽ったりすれば，債権者は身に覚えのないリスクを被ることになります。一方，株主は有限責任です（第3章参照）。株主に出資額以上の損失について義務が発生しないため，まるで株主がリスクを丸投げしたかのようにリスク・シフティングが生じるのです。1908（明治41）年に大日本製糖は門司の大里製糖所（1903年鈴木岩治郎により設立）を買収する目的で社債を発行します。この社債発行で調達した資金が，競合相手とはいえ創業から間もない名古屋製糖会社を買収し，なおかつその施設を解体するために使われたのです。なお大里製糖所の買収や台湾での工場建設の資金は，社債で調達した資金だけでは足りず，銀行借入金が投じられました。こうして集められた資金に関する磯村と秋山の杜撰さはここで終わりません。選挙運動費用が大日本製糖の資金から捻出されていたのです（大日本製糖株式会社，1934；1960）。

　磯村と秋山の株価操作ですが，彼らが目をつけたのは国庫への納金の仕組みです。製糖会社は砂糖消費税を国庫に納める際に，担保として自社株式を一時的に預けることもできました。大日本製糖の株式は当時「日糖株」と称された人気銘柄です。日糖株を国庫に預けておけば，後日，国庫から日糖株を引き出して現金を納めることができます。なおその間は滞納となります。したがって，日糖株相場が下落した場合に日糖株を買い入れて国庫に預けておき，相場が上昇した場合には現金を納めて国庫から日糖株を引き出して取引所で売却する，という錬金術が可能だったのです。磯村と秋山は取締役であると同時に株主でもある立場を悪用してこの錬金術を実践します。その際に，彼らは会社の資金で買い注文を出すことで株価の吊り上げも企てたのです。こうした企ては田口卯吉など経済論壇の論者からの批判のターゲットとなりました（社団法人糖業協会，1962；武田，2022）。

　こうした株式投資の錬金術は，当時の相場師である鈴木久五郎(すずききゅうごろう)が入れ知恵したものと考えられます[*1]。すでに言及したように，大日本製糖

表 5-1 東京株式取引所定期取引（先物取引）の日糖株（大日本製糖株式）相場

	年平均	最高値	最安値
1906（明治 39）年	114.51	169.50	102.30
1907（明治 40）年	100.10	169.90	70.05
1908（明治 41）年	72.46	92.50	55.90
1909（明治 42）年（3 月まで）	31.24	51.00	18.10

（資料出所：東京株式取引所（1928，第十五章第五表））

は 1906（明治 39）年に日本精製糖（1895 年鈴木藤三郎により設立）と日本精糖（1896 年渋沢栄一により設立）の M&A で成立した会社です。この M&A で暗躍したのが鈴木久五郎でした。

武藤山治（第 2 章参照）の自叙伝に鈴木久五郎の談話が収録されています。この談話のなかで，大日本製糖を成立させた M&A への関与が明言されています（武藤，1934）。磯村と秋山はそれぞれ日本精製糖の支配人および参事でした。M&A により新会社が成立されるや，彼らは日本精製糖の社長であった鈴木藤三郎を追放し，新会社の取締役に就任しました（大日本製糖株式会社，1934；1960）。大日本製糖は磯村と秋山のクーデターで成立した会社だったのです。

表 5-1 は 1906（明治 39）年から 1909（明治 42）年までの東京株式取引所の定期取引における日糖株（額面 50 円），つまり大日本製糖の株価の年平均，最高値，および最安値の推移を示します。対象期間ですが，1909（明治 42）年 4 月 1 日に日糖株の取引が停止されていますのでこの年は 3 ヶ月間だけです。定期取引とは先物取引のことで，オークションによって相場が決まりました（Ishida and Yokoyama, 2023）。表 5-1 が示すように，日糖株の相場は年平均および最安値が 3 年連続で低下しています。1909（明治 42）年の最高値（51.00 円）は前年の最安値（55.90

＊1　鈴木久五郎。1877 年生まれ。相場師として知られ，株式の買い占めでも著名。1908 年衆議院議員に当選。1943 年没。

円）を下回ります。年末年始にかけての下降トレンドが明白ですし，額面割れも生じています。

1908（明治41）年12月17日付の『中外商業新報』は，大日本製糖の株式が急落した背景について重役の一部が内輪揉めから株式を売りに出したと報じています（日本経済新聞社，2008，122頁）。クーデターで成立した大日本製糖のマネジメントはもはや崩壊したも同然でした。表5-1が示すように，一時は170円近くをマークした日糖株相場は18.10円にまで暴落します。一時的には株価操作が企てられたとしても，会社の内情が筒抜けになったことで株式市場はシンプルな反応を示しました。日糖株の暴落は，マネジメントに規律を与えて姿勢を正す最後通牒でもあったのです。

5.1.3 規律とルール

▶ 再建への道

1906（明治39）年にM&Aにより大日本製糖が成立した際，社長に就任したのが酒匂常明です。酒匂は農学を学んだ農商務省の官僚でした。彼にはビジネスパーソンとしてのキャリアやバックボーンはありません。磯村と秋山は，酒匂をサポートする名目でマネジメントを事実上掌握できたのです。

酒匂を社長に招いたのは，新会社の相談役に就任した渋沢栄一です。渋沢は日本精製糖によるM&Aのターゲットとされた日本精糖の創業者でした。渋沢は大蔵大臣経験者であった阪谷芳郎から酒匂を紹介されています。阪谷は渋沢の次女（琴子）の配偶者です。渋沢が就任した相談役という役職は，特に法的な権限が定められていませんでした。磯村と秋山は，有名無実な役職に渋沢を迎え，彼の名声にあやかってマネジメントを進めることができたのです。

1909（明治42）年1月の株主総会で酒匂は瓜生レポートを株主に周知するとともに，取締役一同と連帯辞任しました（同年7月に酒匂は短銃自殺します）。監査役の瓜生震も健康上の理由から職を辞しています。

新しい経営陣の人選は難航します。渋沢栄一は債権者との交渉を重ねた上で，同年4月の株主総会で，渋沢の一任で役員を選定するものとの株主の合意を得ます（大日本製糖株式会社，1934；1960）。渋沢に推挙されて新たな社長に就任したのが藤山雷太です。藤山はかつて中上川彦次郎（第3章参照）の部下として，武藤山治の先輩として三井銀行に勤務していました。渋沢の創業で知られる王子製紙で取締役を務めた経歴もあります。敏腕経営者として知られる藤山が大日本製糖の再建に取り組むことになったのです（上原，2000；島田，2004；久保，2007）。

史料5-2は『実業之世界』という経済雑誌に掲載された「事業に対する余の理想を披瀝して日糖問題の責任に及ぶ」と題した記事です。記事の執筆者は渋沢栄一，刊行は1909（明治42）年5月です。相談役であった渋沢ですが，彼は相談役という役職ではマネジメントに関する情報を十分に収集できないと不満を漏らします。と同時に，渋沢は事件の責任に対する自覚を持つ一方で，引責辞任を否定します。不祥事の引責辞任が慣例化することを問題視していたのです。自身の行動がルール化して人々の行動原理に影響を与えうることに慎重な態度を見せたのです。

[史料5-2] 日糖事件の責任論に関する渋沢栄一の見解

「私は平生，園遊会にも出ないというやり口の人とは違うのであるから，相談役になれといえば承諾する。社長を推薦せよといえば推薦もする。しかしながら相談役くらいのものに，そんな些細な点まで分ると思うのが箆棒(べらぼう)だ。それを自分の都合の好い時ばかり引っ張り出して置いて間違いが起ると，渋沢それ見ろというて詰責する。大きな御世話だ，馬鹿をいうなといいたくなる。…（中略）…世間に日糖事件に対する責を引いて実業界を退けという勧告をするものもあるけれども，私はこの際断じて退隠しない。何故かとなれば世間の人が皆こういう具合に，何に一つの事業に失敗するごとに退いて世を送るという事になったならば，国家の前途が思いやられるではないか…（中略）…けれども私は不肖といえども自分の責任を自覚しておる。私は決していたずらに退隠するものでない」

（渋沢青淵記念財団竜門社，1956，337 頁。一部，仮名・漢字・句読点・改行等を修正）

　日糖事件が発覚した 1909（明治 42）年という年は，1840（天保 11）年生まれの渋沢栄一の古希が目の前です。このタイミングで渋沢は，第一銀行など一部の会社を除き，計 59 社の役職から退きました（佐野，1999）。引責辞任は否定した渋沢ですが，一度に役職を辞したことは渋沢自身の引退と捉えられても仕方のない行動でした。渋沢は，機能不全に陥ったとしても，自らの手で改善できないことを踏まえて，コーポレート・ガバナンスの現場から身を引いたのです（島田，2004）。

▶ 日糖事件をどう解釈するか？

　市場経済を機能させる上でいかに司法制度が重要かを見出せる事件として日糖事件を位置づける指摘もあります（武田，2022）。さらに踏み込んだ解釈も可能です。磯村や秋山は議員瀆職法違反などにより実刑判決を受けましたが，商法上の規定では何ら罰を科されていません。商法では彼らの行為を取り締まるための罰則規定がなかったのです。

　当時の財界では，商法の不備が少なくとも 2 点指摘されていました（高倉，1996）。一つは M&A が相次いで行われるようになったにもかかわらず，合併手続きに関する規定が不十分であったことです。もう一つの商法の不備として，日露戦争を前後して債券市場が発達するなかで社債発行に関する手続きに関して規定の不備が目立つようになったのです。これらの指摘は，東京商業会議所あるいは大阪商業会議所などから政府に意見書として提出されます。1907（明治 40）年には政府は司法省の法律取調委員会で商法改正のための審議を開始します。日糖事件を経て，商法改正の議論は活発化したのです。

　1911（明治 44）年の改正商法により株主や債権者の権利を保護する目的から会社重役の不正を取り締まり罰則を強化する枠組みが整えられます。粉飾会計あるいはタコ配当といった経済行為に禁錮・懲役・罰金といった罰則が科されるようになります。こうした不正への罰則強化は，

1938（昭和13）年の商法改正でも貫かれます（三枝，1992；高倉，1996）。

　会計制度の重要性も議論されるようになります。日糖事件が発覚した1909（明治42）年11月には農商務省が「公許会計士制度調査書」を整理しています（渡辺，2008）。しかしながら1927（昭和2）年に計理士法が制定されるまでは，プロフェッショナルな第三者が監査を引き受ける制度は未整備のままです。ましてや会社の側が会計をどのように作成しなければならないのか，現場での運用について適正を求めることは時期尚早でした。一方で不正とされる方法についてはある程度知識が共有されることになったので，大正時代には『東京経済雑誌』，『東洋経済新報』，あるいは『実業之世界』など様々な経済雑誌や新聞で具体的な企業の財務内容について粉飾を疑う記事が掲載されるようになります。経済評論の場では，「株式会社亡国論」と題した糾弾もなされるようになります（高橋，1930）。制度の枠組み，ましてや運用のレベルまで含めて欠陥が残されたままでは，日糖事件のような事件は起こるべくして生じます。

　明治時代は，初期から末期にかけて，エンフォースメントの不完全性を払拭する試行錯誤が続く局面でした（第1章参照）。日糖事件はその錯誤のなかでも，制度の枠組みと運用に関する未熟さを多くの人々に可視化した出来事だったのです。

❖コラム：歴史のかけら（5）「渋沢にとっての算盤」

　徳川時代においても複式簿記など帳簿の作成に関する工夫は施されてきましたが，明治時代になると西洋の会計学が流入します。
　会社の会計は，財務会計と管理会計の2種類に分かれます。財務会計は，外部投資家や資金提供者など会社の外部のステークホルダーに向けて財務内容を報告する目的で作成されます。この目的のため，財務会計は法律で定められた一律の会計基準に基づいて会計期間ごとに作成されます。管理会計は，予算あるいは原価を管理して会社内部で情報をシェアする目的で作成されます。経営者の意思決定にとって有用な情報を管理することが前提とされるため管理会計は任意の基準や書式で作成され

ます。ただし体系的な原価計算をベースとしなければ管理会計は作成できません。日本に原価計算の体系が導入されるのは1880年代後半です（建部，2003）。

　1882（明治15）年渋沢栄一の創業で知られる大阪紡績株式会社では，株式会社の歴史における黎明期の代表例となる株式会社です。創業間もない大阪紡績の損益計算書では，製品である糸・屑綿・糸屑の原価が「支出ノ部」，それらを販売することで得られる「売捌益（うりさばき）」が「収入ノ部」にそれぞれ明記されました。大阪紡績は原価計算に基づいて財務諸表を作成していたのです（岡田，2018）。渋沢栄一は大阪紡績の創業者ではありますが，渋沢自身は大株主つまりコントロール役です。そのコントロール役にとって原価計算に基づく会計は，具体的なアドバイスを示す上で役に立つものでした。渋沢ら株主のコントロールのもと，マネジメント役を引き受けたのは山辺丈夫（やまのべたけお）です[*2]。

　『論語と算盤』は渋沢の代表的な著作です。論語が経営理念の側面を示すなら，算盤はソロバン勘定，まさに会計の側面を示します。大阪紡績の原価計算は，当時の日本企業としてはフロンティアの方法です。そのフロンティアとしての姿は，大日本製糖の失態とは似ても似つかないものです。磯村音介や秋山一裕の粉飾決算を目の当たりにした瞬間の渋沢の気持ちは，もはや私たちには分かりません。

　渋沢は日糖事件を経て財界から身を引きました。この幕引きは，管理会計導入の黎明期を切り拓いた渋沢ならではの責任の取り方とも解釈できます。ともすれば渋沢にとって「論語」と「算盤」は，互いに切っても切り離せない表裏一体の，まさに「と」で結びつけられたものだったのかもしれません。こうした彼の理念は先進的である一方，まだ明治時代の日本には根付きませんでした。原価計算が本格的に普及するのは関連書籍の刊行が目立ち始める1920年代以降であり，会計監査法人制度がスタートするのは1974（昭和49）年の改正商法でのことです（秋坂，2006；粕谷，2019）。

[*2] 山辺丈夫。1851年生まれ。ロンドン大学で経済学および保険学を学ぶなか，渋沢栄一のアドバイスにより機械工学に転身。帰国後，大阪紡績株式会社の工務支配人に就任し，1898年同社社長に就任。1920年没。

5.2 非対称情報問題としてのモラルハザード

5.2.1 モラルハザード

▶ 道徳的規範の面での警告

　日糖事件では，大日本製糖の粉飾決算，資産代替，あるいは株価操作が明るみになりました。これらの行動は，株主や社債保有者など資金提供者の知らないところで倒産のリスクを拡大させるものです。**隠れた行動**（hidden action）によって相手のリスクが一方的に高まる問題を**モラルハザード**（moral hazard）と言います。

　モラルハザードは，概念としては 13 世紀の神学や 17 世紀の数学の文献に登場し，用語は 19 世紀にイギリスの保険業界で使われ始めました（Rowell and Connelly, 2012；伊藤・小林・宮原，2019）。保険会社は，死亡や傷害，あるいは火災について保険サービスを提供します。このビジネスは，実際にトラブルに直面する保険契約者が全体の一部に限られることが前提で成り立ちます。お客さんが健康を害する行為（飲酒，喫煙）を過度に重ねていたり火の始末に不注意でいることが分かれば，保険会社は契約を結ぶのをためらいます（第 6 章参照）。契約の際には保険会社はそうしたリスク要因となる行動を慎むよう念押ししますし，契約を結んだ後ならなおのことです。このため保険業界では，生活上の道徳的規範（moral）の面での警告（hazard）のターゲットとして，リスク要因となる行動をモラルハザードと呼ぶようになったのです。

▶ 非体操情報下のエージェンシー関係

　経済学でモラルハザードを捉える場合に**エージェンシー関係**（agency relationships）の枠組みを用います（Jensen and Meckling, 1976; Milgrom and Roberts, 1992）。エージェンシー関係とは，**依頼人**（principal）と**代理人**（agent）の契約関係を指します。依頼人とは何らかのプロジェク

トやタスクを依頼してインセンティブを与える立場であり，一方の代理人とは業務を依頼人に代わって遂行する立場です。例えば株主と経営者との関係においては，株主が依頼人，経営者が代理人となります。労使関係では経営者が依頼人，従業員が代理人となります。

契約を交わした依頼人と代理人が**非対称情報**（asymmetric information）の状況下にあるとき，モラルハザードが生じます。本章でいう非対称情報とは，代理人の選択が依頼人からは隠れた行動になる状況を指します（第6章はこの説明を補足します）。

▶ 不本意に高められるリスク

依頼人は代理人に対して契約で交わした通りの行動をとることを期待しています。非対称情報の下，つまり自分の行動が依頼人から見えない状況では，代理人が**私的利益**（private benefit）を優先するために，契約で合意されてもいない行動を取るモチベーションが生じます。依頼人から見れば，インセンティブが歪められるだけでなく，プロジェクト失敗のリスクを一方的に高められた格好になってしまうのです。

ここでいうリスクとは危険や不確実性を指すと同時に，確率として大小関係が議論できることが前提です（Knight, 1921）。リスクが一方的に変えられる側面に着目することから，モラルハザードは「Heads I win, tails you lose（表が出れば私の勝ち，裏が出ればあなたの負け）」とも訳されます（Beim and Calomiris, 2001）。2人がコイントスをする際，勝率は双方ともに50％のはずです。本来なら「表が出れば私の勝ち，裏が出れば私の負け」になるべきで，先ほどの英文と訳は勝率を一方的に引き下げられること，不本意にリスクが高められることの比喩です。

読者の皆さんのなかには，「自分の知っている意味でのモラルハザードとは意味が違う」とお感じの方々もいらっしゃることでしょう。1998（平成11）年「現代用語の基礎知識」選新語・流行語大賞に「モラル・ハザード」がノミネートされました。受賞対象者の中坊公平（住宅金融債権管理機構社長・当時）は，この言葉に「経営倫理の欠如」といった意味を込めて，当時の金融機関の経営を非難したのです（中林，2012）。

このため昭和・平成生まれの日本人の多くは，モラルハザードといえば「倫理の欠如」として捉えることが馴染み深くなったのです。そうした語義でモラルハザードという言葉が使われる際の主張や意見の是非は，個々に読者の皆さんが吟味あるいは尊重して頂ければと思います。なお，モラルハザードの語義については，第6章でも再論することになります。

　非対称情報の状況に代理人として置かれた場合には，往々にしてインセンティブを歪められがちであることが突き止められています。以下，この点について，理論面あるいは実証面からそれぞれ基本的な議論をご紹介することにします。

5.2.2　インセンティブの歪み

▶ 数 値 例

　非対称情報によってインセンティブが歪められる点を，簡単な数値例と場合分けを用いて確認しておきます（村瀬，2016）。手順を示しておきます。まず依頼人と代理人がどのようなプロジェクトに関して契約を結ぶのかをあらかじめ設定します。その上で，非対称情報がない場合と非対称情報がある場合とで代理人の選択がどう変わるのかを確かめます。

　プロジェクトの収益ですが，成功した場合に100，失敗した場合に0とします。プロジェクトの成功確率を決める要因は2つです。一つは努力するかどうかです。ただし努力には20のコストが必要だとします。もう一つの要因は時の運（nature），いわばガチャです。努力すれば成功確率80％（失敗する確率20％）の課金ガチャ，努力せずにサボったならば成功確率40％（失敗する確率60％）の無課金ガチャです。図5-1は，代理人が課金ガチャの黒い矢印の枝分かれと無課金ガチャのグレーの矢印との枝分かれを示しています。

　依頼人を資金提供者，代理人を経営者としてこの数値例の話を進めます。経営者はプロジェクトを遂行するために資金提供者から50の資金を調達します。資金提供者の資金回収に応じて手元に残ったものが経営者の利得です。資金提供者は，努力した経営者から60を回収しますが，

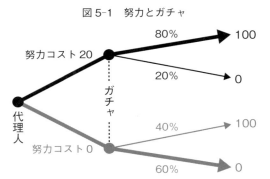

図 5-1　努力とガチャ

サボった経営者からはペナルティを含めて 120 を回収するとします。プロジェクトを遂行しない場合，経営者は資金を調達する必要すらなく，その場合の経営者の利得は 0 となります。

　プロジェクトの成否が図 5-1 の仕組みで決まるなかで，経営者は努力するかしないかを選びます。時の運，つまりガチャを擬人化すれば，経営者が先手のプレイヤーでガチャが後手のプレイヤーとなるゲーム的状況が成立していると捉えられます。経営者は期待利得（利得の期待値）の大小を見比べることで努力するかどうかを判断します。この判断の結論が非対称情報を想定するかしないかで変わってくることを，これから確認していきます。

　まずは経営者の行動が資金調達者に見えている状態について考えます。経営者が努力する場合の期待利得は期待収益（収益の期待値）から努力コストを差し引いた値，すなわち $[(100-60)\times 0.8 + 0\times 0.2] - 20 = 12$ となります。経営者が努力しない場合は期待利得が $[(100-120)\times 0.4 + 0\times 0.6] = -8$ となります。経営者は「努力する」方が得です。

　次に経営者の行動が資金調達者から隠れている状態について考えます。その際，資金提供者が経営者の努力を信用するケースとしないケースとに場合分けしなくてはなりません。なぜなら資金提供者の要求する回収額が違ってくるからです。

隠されていながらも信用するケースでの経営者の期待利得を計算してみます。努力する場合に $[(100-60) \times 0.8 + 0 \times 0.2] - 20 = 12$，しない場合に $[(100-60) \times 0.4 + 0 \times 0.6] = 16$ です。経営者は努力しない方が得です。資金提供者が経営者の努力を信用しないケースでの経営者の期待利得は，努力する場合に $[(100-120) \times 0.8 + 0 \times 0.6] - 20 = -36$，努力しない場合に $[(100-120) \times 0.4 + 0 \times 0.6] = -8$ です。経営者の期待利得は，いずれも0（プロジェクトを遂行しない場合の経営者の利得）を下回るため，経営者はプロジェクトの遂行を降りた方が得になります。

非対称情報の下では，(1) 資金提供者を裏切って経営者は努力しないでいる，もしくは (2) 資金提供者が経営者の努力を信じなければプロジェクトは遂行されない，のどちらかになります。(1) においては経営者の隠れた行動を通じて資金提供者が託したプロジェクトの成功確率は引き下げられています。同時に，資金提供者が回収できる額は，実は120であるべきなのに60しか受け取ろうとしないでいることになります。まさに隠れた行動によって，依頼人の利得が減らされるのです。(2) に至っては経営者も資金提供者も利潤追求の機会を手にできずにいます。

▶ 隠れた行動をどう抑止するか？

非対称情報の問題を克服する策は2つ考えられます。一つは依頼人が代理人の努力を確認するために情報を収集することです。隠れた行動が問題なのですから隠された行動を**監視**（monitoring）すれば良いわけです。もしも努力コストを費やしていないことが判明した場合には，契約打ち切りを確約しておくことも選択肢です。日糖事件の場合であれば瓜生レポートとしてあらためて監査したことで磯村と秋山の隠れた行動が判明しました。裏を返せばそこまで監視の目を光らせてなかったことでモラルハザードが起きていたわけです。日糖事件を通じて会計監査制度の必要性が議論されるようになったのも，運用が遅かったとはいえ，自然な成り行きと言えます。

第2の策は代理人に**金銭的インセンティブ**を与えることです。ビジネ

ス現場では KPI (key performance indicator), すなわち報酬の出来高を査定する指標が用いられることがあります。代理人の報酬を何らかの指標に連動させる契約を結ぶことで依頼人は代理人に努力コストを負担するインセンティブを与えるのです。近年ではチーム業績契約（チーム全体の成果をメンバー全員の報酬に結びつけるタイプ）や相対的業績契約（他のメンバーより優れた業績を発揮できたときに報酬が上積みされるタイプ）など，タイプ別に詳細な議論が重ねられています（伊藤・小林・宮原, 2019）。

KPI については慎重に考える必要があります。例えば，もしも裁判官の給与が死刑判決の件数を KPI としていたら大変なことになります。日本国憲法第 79 条および第 80 条は，裁判官の報酬が 10 年間の任期中で減額されないものと定め，不適切なインセンティブを与えないための工夫がなされているのです（清水・堀内, 2003）。金銭的インセンティブを与えることで，奉仕精神など内発的動機が削がれる可能性も伝統的に指摘されているところです（Gneezy and Rustichini, 2000）。

5.2.3　怠慢と浪費

▶ 南海泡沫事件

歴史上のセンセーショナルな企業不祥事をもう一つ紹介します。18 世紀イギリスに南海会社（The South Sea Company）という貿易会社がありました。この貿易会社は女王の特別許可を得て営業しており，なかでもアフリカの奴隷をスペイン領に輸送することで利益を得ていました。1720 年，同社の株価が暴落します。この暴落を前後とする騒動は南海泡沫事件（the South Sea bubble）と呼ばれます。

18 世紀イギリスの経済学者アダム・スミス（Adam Smith）は，その著書『国富論（*An Inquiry into the Nature and Causes of the Wealth of Nations*）』のなかで南海泡沫事件（the South Sea bubble）と呼ばれる騒動を引き合いに出して次のように論じます。

> 「…会社の取締役は，自分の金というより，むしろ他人の金の管理人であるわけだから，合名会社の社員が，自分自身の金を見張る時にしばしば見せるのと同じ鵜の目鷹の目でひとの金を見張るとは，とても期待できない．金満家の執事よろしく，些事に注意を払うと，かえって御主人の沽券にかかわるなどと考えがちで，いともあっさりと自分で自分の注意業務を免除してしまう．だから，こういう会社の業務運営には，多かれ少なかれ怠慢と浪費がつねにはびこること必定である」
>
> （Smith, A., 大河内監訳，2010, 442 頁）

「会社の取締役」が資金の使い方に関して，「鵜の目鷹の目」つまり注意深く見つめるようなことをせずにいたことの重大さが強調されています。アダム・スミスは「怠慢と浪費」と形容しながらモラルハザードという普遍的な問題を直視したのです。

▶ モラルハザードの自然実験

非対称情報によってインセンティブが歪められることを実証した自然実験があります（Bertrand and Mullainathan, 2003）。この研究では，1976年から1995年までの約 1,000 社のアメリカ企業について，224,188 ヶ所の工場ごとのデータが用いられました。アメリカでは1985年から1991年までの間で州ごとに別々のタイミングで反買収法（anti-takeover laws）が制定されています。この法律は M&A に規制をかけて買収圧力を弱めるもので，外部投資家からの規律が弱まることになります。つまりこの法律の制定は非対称情報を強める制度変化とみなせます。

反買収法制定を自然実験に見立てると，次の（5.1）式を考えることができます。

$$y_{jklt} = \alpha_t + \alpha_j + \delta AT_{kt} + \varepsilon_{jklt} \tag{5.1}$$

左辺の y は経営者の行動を説明する変数です。分析に際しては，（1）ブルーカラーの賃金，（2）ホワイトカラーの賃金，（3）ホワイトカラー

表 5-2　反買収法の制定が雇用と設備投資に与える影響

	(1)	(2)	(3)	(4)	(5)
δの推定値	0.013	0.044	0.110	−0.025	−0.019
(標準誤差)	(0.005)	(0.013)	(0.045)	(0.003)	(0.004)

各変数は，(1) ブルーカラーの賃金（対数値），(2) ホワイトカラーの賃金（対数値），(3) ホワイトカラーの雇用者数（対数値），(4) 老朽設備撤去の有無（撤去した場合に 1，それ以外に 0），および (5) 新規の設備建設の有無（新設した場合に 1，それ以外に 0）である。なお δ は反買収法が成立していれば 1，それ以外に 0 となる変数の係数である。推定方法は固定効果モデル（fixed-effect model）。

(資料出所：Bertrand and Mullainathan（2003））

の雇用者数，(4) 老朽設備撤去の有無（撤去した場合に 1，それ以外に 0），および (5) 新規の設備建設の有無（新設した場合に 1，それ以外に 0），という 5 つの変数が用いられました。(5.1) 式の添え字は識別するための背番号であり，それぞれ j は企業，k は企業が設立された州，l は企業が立地している州，および t は年を示します。右辺の α は年次もしくは立地した州ごとの固有の事情を表します。AT は t 年時点で反買収法が制定される年次のケースであれば 1，制定以前ならば 0 となる変数です。最後の ε は誤差項を示します。

表 5-2 は δ の推定値（および標準誤差）を y の種類ごとに示すものです。ブルーカラーの賃金は推定値が 0.013（±0.005），ホワイトカラーについては賃金のパラメータが 0.044（±0.013），さらに雇用が 0.110（±0.045）と推定されています。反買収法が制定された州でのブルカラーの賃金は未制定の州より 1.3％ 高いのですが，ホワイトカラーでは 4.4％ と顕著に高くなります。ホワイトカラーの雇用は 11％ の違いです。老朽設備撤去の推定パラメータは −0.025（±0.003），および新規の設備建設は −0.019（±0.004）といずれもマイナスです。買収圧力が弱い制度的環境のもとでは老朽施設の撤去も新規の設備建設も少なくなるのです。この実証研究では各企業の収益性などそのほかの要因の変化を踏まえた上でも同様の結果が得られることが報告されていますので，元論文

を是非ともご確認下さい。

　表5-2の実証結果がなぜモラルハザードと解釈できるのかを説明しておきます。賃金上昇や雇用拡大は，株主から見れば自分たちとは異なるステークホルダーに所得を奪われた格好になります。こうした奪われ方は株主にはアダム・スミスのいう「浪費」に映るわけです。一方，設備の新陳代謝が悪化したことに関しては，アダム・スミスの言葉を借りれば「怠慢」が顕著になったと解釈できます。

　なお，設備の新陳代謝が悪化した点をモラルハザードとみなす解釈に対して，別の解釈を示す実証研究があります（Loderer, Stulz, and Waelchli, 2013）。投資家と企業経営者が非対称情報に直面しているならば，外部の投資家からはイノベーションによる成長機会が過小評価されがちになります。反買収法制定により外部投資家と経営者との非対称情報がさらに広がれば，過小評価は顕著になるはずです。このような顕著な過小評価を実証的に裏付けた上で，研究開発のための新規設備の建設を抑えて既存設備を有効活用している可能性が指摘されたのです。さらにこの反論ではイノベーションの人材にも目を向けています。すでに名声を確立している長寿企業であればイノベーションに適した人材を雇用しやすくなります。そうした人材市場での労働者間の競争が激しくなると先ほどの過小評価を抑制できることも実証されたのです。経営者の「怠慢」を問題視するだけではなく，イノベーションの成長機会を保持できるよう労働力市場に対する政策提言についても研究の可能性が広がったのです。

　なお，非対称情報をめぐってはモラルハザードとは別のもう一つ重要な非効率性があります。その非効率性の問題については，第6章で学習します。

ゼミナール課題

課題1

　本章の**史料5-2**の典拠となった雑誌記事は『デジタル版渋沢栄一伝記資料』の一部としてインターネット上で閲覧できます（URL: https://eiichi.shibusawa.or.jp/denkishiryo/digital/main/index.php?DK110049k_text）。この雑誌記事を読んだ上で，渋沢の主張をまとめた5分以内のプレゼン資料を作成し，プレゼンしてみて下さい。プレゼンのオーディエンスは，「渋沢栄一を主人公にした漫画を作ろうとしている漫画サークルのメンバー」で，このサークルは日糖事件を史実に対して忠実に漫画化するために，渋沢の本意とその経済学的解釈を知ろうとしているものとします。

課題2

　皆さんがオンライン動画共有プラットフォームを提供する会社の社員として勤務しているとします。動画配信者には動画再生回数に応じて広告収入が与えられます。しかし再生回数を稼ぐために社会的に問題となる動画を配信する配信者が増えてきたことが社内で取り上げられました。あなたは対策を講じなくてはなりません。どのような対策が考えられますか？　社内で共有する対策案資料ファイルを作成して下さい（注意：この課題は，第6章を読み終えた後でもう一度振り返って下さい）。

第6章

どうすれば買い手の信頼を得られるか？
：生糸商標

　本章は，第1節では明治時代の製糸業における粗製濫造問題を解説します。第2節では逆選択と呼ばれる経済的非効率性とその防止策を説明します。
　本章の要点は次の2点です。
■生糸は粗製濫造問題に直面した。民間レベルで施された品質改善や商標などの工夫とともに，検査所設置など公的措置が講じられたことで信頼回復につながった。
■買い手から見て，価格からは品質の良し悪しが不分明な市場では，良質な商品・サービスが市場に供給されなくなる。こうした事態を防ぐには，情報不足の相手に必要な情報を伝える策が必要になる。

6.1 レモンだった生糸

6.1.1 隠された品質

▶ 生糸輸出の減退

　図 6-1 は，イタリア，中国，日本，インド，そしてレバント（トルコやシリア付近）の生糸輸出総量に占める明治期日本のシェアの推移を示します。点線は線形回帰トレンド，つまり期間全体での平均的な傾向を示します。1909（明治 42）年には日本が最大の生糸輸出国となり，30% を超えるシェアとなります。輸出先としては，当初はフランス向けが中心でしたが，やがてアメリカ向けが増大します（Federico, 1997）。1860 年代前半に日本のシェアは，このトレンド水準を上回る勢いでした。しかし 1860 年代末から 1870 年代前半にかけて，シェアが減退します。本章はこの減退と減退からの回復をフォーカスします。

　1870 年代に生糸輸出が減退した要因は 2 つあります。まず一つの要因は競争相手の問題です。1840 年代から 1860 年代にかけて，フランスやイタリアで微粒子病（pepper disease）という蚕の感染症が蔓延しました。この蔓延期間において日本産生糸の人気が高まっていたのです。前橋藩（現在の群馬県前橋市）では内外の生糸商人で構成される生糸改所，いわば同業組合を結成し，品質検査の上で製品を厳選していました（今井，2011）。前橋産の生糸は 1860 年代のフランスで上級品として重宝されます（大野，2023）。しかし 1869 年に細菌学者ルイ・パスツール（Louis Pasteur）が微粒子病の解決策を開発します。1870 年代前半，イタリアは生糸の生産と輸出を回復させます。加えて，中国で生糸の品質改良が進んでいました。日本産生糸は，イタリア産生糸と中国産生糸の勢いに押されることになったのです（中林，2003；石井，2023）。

　日本の生糸輸出が減退したもう一つの要因が，**粗製濫造**問題です。粗製濫造とは，価格に見合わないほど質の悪い製品が量産される状況を指します。生糸の粗製濫造は開港以来の問題でした（石井，1944）。この粗

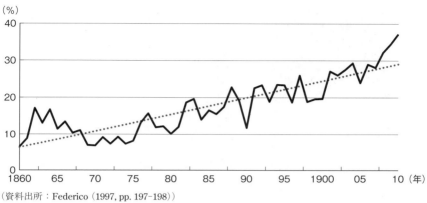

図6-1 各国生糸輸出量総量に占める日本のシェア（%）：1860-1910

（資料出所：Federico（1997, pp. 197-198））

製濫造問題が，1860年代末から1870年代にかけて深刻化します。微粒子病は卵から次世代に感染するため，イタリアやフランスは日本から蚕種（蚕の卵）を輸入することで対処しました（Hukuhara, 2011；嶋田, 2014）。当時の日本では養蚕と製糸の双方を農家が副業として営んでいました。多くの農家はイタリアやフランスに蚕種を輸出する利益を優先しました。このため国内では良質な蚕種が不足します。生糸の品質は概して悪化したのです。ただし輸出によって農家は採算が取れていました。微粒子病の終息により日本からの蚕種輸出は減少しますが，それでも品質悪化は持続しました。生産者側のモチベーションが低下していたのです。品質悪化により生糸相場が低落し，この低落が「まじめな製法に努力することを妨げ」る悪循環が生じていたのです（農林大臣官房総務課, 1958，669頁）。

▶ 生糸は「レモン」

　生糸の粗製濫造は，第1には技術的な問題，第2には生産者のモチベーションの問題があるのですが，見た目という第3の問題もありました。図6-2は提糸、つまり生糸を元結（糸を束ねる紙）でぶら下げた状態

図 6-2 提 糸

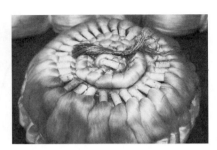

左は上から提げられた状態。右は展示台におかれた状態。結い目が紙で縛られて元結とされている。

(画像：左…大日本蚕糸会編纂『日本蚕糸業史 第1巻』(1935年, 大日本蚕糸会(湘南堂書店より1985年に複製))。右…国立大学法人東京農工大学科学博物館「繊維関連資料展示室展示資料（生糸綛 造）」。)

を示します。この状態では生糸の品質を外見だけで判別することは容易ではありませんでした。一方で，品質に関する偽装は容易でした。横浜の生糸貿易に従事した蚕糸鑑定師の橋本重兵衛は提糸に関して横行していた偽装を述懐しています（**史料6-1**）。

[**史料6-1**] 提糸の偽装

「かような品物を生糸商は買い入れてホドムラ製紙（これは特別に生糸用に製した厚い紙で，石灰を漉き込んだものである。これを生糸に巻く以前に鉄槌を以って打って薄くしたもので，長さが一尺，幅が五，六分である）に巻き換える，すると一綛の糸に，紙量が上下に一匁ほどもあって，一玉が四，五十綛ある生糸に大略紙と元結の目方が百分の十以上もある」

(橋本, 1902, 39-40頁。一部, 仮名・漢字・句読点・改行等を修正)

単位を整理してから偽装の内実を把握することにしましょう。長さの

表 6-1　リヨン市場における生糸 1 キログラム当たりの相場（年平均，フラン）

		日本産 (a)	イタリア産 (b)	中国産 (c)	$\dfrac{a}{b}$	$\dfrac{a}{c}$
ⅰ	1866–70	95	96	73	0.99	1.30
ⅱ	1871–75	65	80	56	0.81	1.16
ⅲ	1876–80	60	72	51	0.83	1.18
ⅳ	1881–85	55	54	40	1.02	1.38
ⅴ	1886–90	55	53	36	1.04	1.53
ⅵ	1891–95	45	45	29	1.00	1.55

（注：日本産は 1881（明治 14）年まで前橋一番，1882（明治 15）年以降は器械糸）
（資料出所：杉山（1983，258 頁，第 4 表））

単位が出てきます。1 尺＝10 寸＝100 分＝30.3 センチメートルです。次に束の数え方が出てきます。綛は糸を巻き取る器具のことで，この器具に糸を巻きつけて出来上がる一定量の束のことも綛と呼びます。この束を作ることを綛揚げと言います。

さて**史料 6-1** に描かれた偽装の内実ですが，糸を束ねるための厚紙に石灰が流し込まれていたのです。元結と包み紙の重さは全体の 2% が標準的でした（小泉，2019a）。**史料 6-1** では 10% を超えていたケースが書かれています。生糸は品質が隠された状態で販売されていたのです。見ただけ，さらには価格だけでは品質が分からないという意味で，生糸はレモンなのです。**レモン**という言葉の意味は後述します。

表 6-1 はフランスのリヨンにおける日本産，イタリア産，および中国産の生糸相場と日本産生糸の相対価格を示します。1866（慶応元・2）年から 1895（明治 28）年まで 5 年ごとに区切った 6 つの期間について，各期間の年平均値が示されています。期間（ⅰ）から（ⅱ）にかけて日本産生糸の相対価格は低下しています。イタリア産との相対価格は 0.99 から 0.81，中国産とならば 1.30 から 1.16 へと，やはり低下が見られます。

相対価格の低下は，品質悪化を反映した側面もありますが，買い手か

らの信頼失墜を反映した側面もありました。前者についての問題解決は，品質改善だけで事足ります。問題は後者の解決で，信頼回復が必要となります。1870年代の日本の蚕糸業は，品質改善と信頼回復が急務となったのです。

6.1.2 品質改善

▶ 政府の措置に効果なし

1869（明治2）年，各開港場に蚕糸改所が創設され，1873（明治6）年に生糸製造取締規則さらには生糸商人申合規則によって粗製濫造の防止が試みられます。しかし，こうした政策的措置は効果がありませんでした（森，1931；農林大臣官房総務課，1958；杉山，1983）。

1870（明治3）年に前橋製糸場が創業します。創業を前に，前橋藩の藩主松平直克が藩士の速水堅曹（はやみけんそう）を横浜に派遣していました。スイス人商館を訪れた速水は，日本産生糸がイタリア産生糸に比べて相場の低下が著しいことを知ります（農林大臣官房総務課，1958，689頁）。このスイス人商館の仲介を得て，イタリア流の器械製糸に詳しい製糸技師を招聘した上で前橋製糸場は操業したのです。藩主の措置は公的なものではありますが，明治政府とは異なる次元で品質改善への一歩が切り拓かれていたのです。

1872（明治5）年に官営模範工場として設立されたのが富岡製糸場です（図6-3）。フランス人技師ポール・ブリュナー（Paul Brunat）が招聘されたため，導入された設備はフランス流のものです。富岡製糸場が備えた繰糸機は300釜と，あまりに大規模でした。なお，1879（明治12）年時点で，10人以上の工員を抱える器械製糸場では，全国平均でも1工場当たり25釜ほどです（内務省勧農局，1879，54頁）。模範工場として創業した富岡製糸場を民間の模範とすることは，大失敗でした（大塚，2023）。

図6-3 富岡製糸場（内部）

（画像：『渋沢栄一伝記資料』別巻第10, p.48）

▶ 民間レベルで進む技術開発と技能習得

　長野県諏訪地方では前橋製糸場のイタリア流の技術，富岡製糸場のフランス流の技術の折衷型とされる技術が開発されます。フランス流，イタリア流とは日本側から見た便宜上の呼び名であり，2つの技術は実はいずれもイタリア発祥です（前橋学センター編，2021）。折衷された長野県で器械製糸が普及した一方で，群馬県などでは座繰と呼ばれる伝統的な器具についても改良が進みます（石井，2023）。

　設備を使う人々の技能形成にも努力が払われました。富岡製糸場には各地から派遣された伝習生が集まります。伝習生は，設備の使い方，生産工程，労務管理，あるいは生糸の品質検査など様々な知識を習得します。富岡製糸場では，「読み書きそろばん」や裁縫など，基礎学力養成のための余暇学校も開設されました。伝習生も含め，富岡製糸場の工員は時計による時間管理にも適応しなくてはなりませんでした。自家製で養蚕・蚕糸に従事していた人々が馴染んでいたものとは別物の，全く違った生活習慣や社会規範を集団的に受容する必要があったのです（清川，1986；2009）。伝習生たちは，帰郷後，地元の製糸場で指導者として活躍します。富岡製糸場で培われた彼女たちのモチベーションも蚕糸業を

発展させたのです（高橋，1887；山崎，2003）。

　1880年代から各地の製糸場で各工員の労働生産性について平均値を基準とした相対評価をもとに賃金を支払う仕組みが普及します（石井，1972）。当時の呼称は等級賃金制度でしたが，厳密には相対賃金制度というべき仕組みです（中林，2003）。工員の等級ごとに固定給を与えたのではなく，事後的なパフォーマンスをもとにした相対評価で賃金が決められたのです。パフォーマンスは，繊度（太さの均一さ），繰目（繰糸機1釜当たりの単位時間内生産量），さらに糸歩（繭からとれる生糸の重量の割合）という複数のKPIで評価されました。

　KPIが複数設定されたことは相対賃金制度の欠点ともなります。工員は複数のタスクが課される，つまり**マルチタスキング**（multi tasking）の状態となります。マルチタスキングのもとでは費用対効果の高いタスクが優先されかねません。作業中に繊度が不均一だと分かっても，作業を中断して繊度を保つインセンティブが工員には生じないのです。なぜなら中断することで繰目や糸歩による相対評価が下がるからです。この問題を克服するには，作業工程を監視するなどの策が必要です。監視役となる教婦の人数不足が恒常化していたため，インセンティブの歪みは完全には回避できませんでした（大野，2023）。

　1896（明治29）年に横浜生糸検査所が創設されました。幕末の時点で検査機関は創設されてはいました。しかしながら本格的な検査機関が成立するまでに30年近くを要したのです（農林省横浜生糸検査所，1964）。

6.1.3　信頼回復

▶ 地方自治体と民間との関係性から生まれた生糸商標

　粗製濫造に関して，実は生産者側の与り知らない盲点がありました。輸出までのプロセスで，産地偽装が頻発していたのです。例えば上州（現在の群馬県）産の生糸でない生糸が上州産であるとされることは少なくありませんでした（井川，2006）。外国商人の手に渡れば，産地の識別が難しくなるのは無理もありません。

図6-4　碓氷社の「五人娘」の商標（Private Chop）

（画像：シルク博物館所蔵）

　製品差別化の面で重要なきっかけとなったのが**生糸商標**です。ここでいう商標とはパッケージとして貼り付けられた紙片，もしくは紙片デザインを指します。版画（錦絵，後年は西洋流の石版画も含まれる）のデザイン入り紙片を製品に貼り付ける事例はありますが，1870年代からこうした事例が増えたのです。1871（明治4）年にアメリカ領事から明治政府に提出された意見書で中国産生糸で用いられている等級印（chop）をもとにした提言がなされています。等級印を通じて各国の商人が取引する生糸を判別しやすくなるというのが等級印を採用する利点とされました。この提言を受けて，様々な生糸商標が貼り付けられるようになります（長野，2015；小泉，2019b）。

　図6-4は，群馬県の碓氷社の商標の一つ，「五人娘」です。こうしたラベルが他の商品との差別化を図る目印，いわばブランド（brand）も示したのです。碓氷社は，改良座繰を用いる製糸家の組合として創設された会社で，「五人娘」のほか，「姫」，「二人娘」，「金紅葉」，あるいは「銀紅葉」などの商標を作りました。なかでも「五人娘」はアメリカ市

場で知名度を確保したブランドです。碓氷社は商標ごとの品質や売れ行きに関する情報を各製糸家に伝えた上で，十分な金銭報酬を支払うことを確約していました。やがてアメリカ市場では器械製糸に対するニーズが高まりますが，そうしたニーズにも対応します（谷山，2007）。商標に見合うよう品質を高める努力が払われた点で，後々の日本の「ものづくり」の姿の先例を見出すこともできます。

　群馬県の場合，前橋藩の事業で得た知識を活かすことで改良座繰製糸の評判形成につなげるという，自治体ぐるみでの取り組みが活かされました（差波，1996）。1888（明治21）年制定の商標法以前の段階から，群馬県は商標保護に乗り出します。碓氷社をはじめ改良座繰結社は，生産した生糸を検査し，さらに品質によって分類します。碓氷社であれば最上級の生糸に「五人娘」の商標が貼り付けられました。別の生産組織が「五人娘」と詐称できないよう，群馬県が流通を規制したのです。一方で，例えば福島県のように，県と町村の連携に不和が生じた地域では商標の確立あるいは信頼回復は，群馬県ほどには進みませんでした（谷山，2007）。

　製糸家と養蚕農家との地域ぐるみの連携は，地方自治体の権利保護に支えられて，品質の改善とともに信頼回復を実現させます（岡崎・谷山・中林，2006）。生糸商標を通じて信頼が得られたのではなく，生糸商標の偽装を抑止できるほどの行政権力と生産組織内の経営規律（第5章参照）との補完的な関係が信頼獲得を実らせたのです。

▶ ブランド形成と商標剥がし

　アメリカでは碓氷社の「五人娘」が人気ブランドでしたが，多くの商標はこうした知名度の確立に失敗していました。評判を形成できていない商標は，アメリカ商人の手に渡るや，商標を剥がされることが珍しくありませんでした（長野，2015；大野 2023）。**史料6-2**はその具体的内容を描写したもので，荷口（要するに製品の注文数）がそろわない場合の数合わせとして商標が剥がされて別の紙片が貼られてしまうことが多々あったことが明治末期に刊行された文献に記されているのです。

[史料6-2] 商標のふるい分け

「本邦の製糸商標はその数一千有余を算するも、実際紐育(ニューヨーク)市場において売買さるる場合は、約五百種に過ぎず。その半数は内外輸出業者が横浜において現物を引取る際、それぞれ仕分けして、あるいは産地商標のままに輸出するもあり、あるいは自己の商標に切り替えるもあり。例えば原製糸、片倉製糸もしくは上州三社座繰のごとき、製糸数量の豊富にして荷口のそろいしものは、概して産地商標をそのまま用いるも、東海道筋その他小製糸家のものは、荷口のそろわざる端数のものなりとの口実をもって、大抵産地の商標を剥脱し、たとえ産地を異にするも、品質のほぼ同一のものを打ち纏(まと)め、しかるのち輸出業者の作製する各商標の下に輸出する習慣なれば、製糸家が苦心惨憺の後、ようやく作製せし意匠商標も、アハレ宵の三日月同然、一寸姿を見せたばかりにてたちまち暗中に葬り去られ、米国機業界に認められざるもの尠なからざる次第なり」

（河合，1911，66-67頁。一部、仮名・漢字・句読点等を修正）

こうした商標剥がしは、製糸家を依頼人として輸出業者を代理人に見立てるならばモラルハザードに該当します。こうしたモラルハザードは大正時代まで横行していたようです（大野，2023）。一方で、剥がされない商標があったということは、それらの商標については名声が確立していた状況証拠とも言えます。明治末期までには、原、片倉、さらには上州三社（碓氷社・甘楽社・下仁田社）といった大手の商標は、単なるパッケージデザインとしてだけでなく、名声や評判が保証されたブランドとしての意味合いを持つようになったのです。名声を確保できていない生糸も出荷できた点では、生糸検査所における品質の検査と保証の役割を見出すこともできます。

▶ 共進会開催

日本産生糸がアメリカ市場を開拓するきっかけとなったのが、富田鐵(とみたてつ)之助(のすけ)の活動です[*1]。

富田は1872（明治5）年にニューヨーク副領事に任命され，1874（明治7）年にはアメリカ絹業協会（The Silk Association of America）の名誉会員に推挙されます。同年富田は日本各地の生糸サンプル品82点を同協会に提出し，各サンプルに対する評価を依頼しています。販路としてアメリカ市場を開拓しただけでなく，各製品についてアメリカからフィードバックを得ていた点が有意義でした（長野，2015）。

製品の品質や評判についてフィードバックが得られるという点で，日本産生糸の品質改善と信頼回復を促進した要素としてさらに重要なのが内国博覧会および共進会です（清川，1988；2009）。

内国博覧会は1877（明治10）年第1回から1903（明治36）年第5回まで開催されます。このイベントは万国博覧会，いわゆる万博にならったものです。万国博覧会そのものは1851（嘉永4）年第1回ロンドン万博が最初です。日本は1873（明治6）年ウィーン万博が初参加でした。明治政府はこのウィーン万博を機に生糸の悪評に関する報告とともに，フランスをモデルとする生糸検査所の創設を必要とする旨の報告を受けています（農林大臣官房総務課，1958；農林省横浜生糸検査所，1964；小泉，2019a）。明治政府は，博覧会というイベントを通じて製品の評判や買い手側のニーズが把握できることを目の当たりにしたのです。内務卿大久保利通は，1877（明治10）年に東京上野公園を会場として第1回内国勧業博覧会開催を実現します（國，2005）。

共進会は，大蔵省通達のもとで行われた同種の製品に関する品評会です。内国勧業博覧会は，政府公認の基準で展示品が評価されるイベントだったので，産業の特色やオリジナリティが評価されにくいというデメリットもありました（落合，2022）。共進会は，こうしたデメリットを補う点に特色があるとも言えます。1879（明治12）年に製茶共進会が開催されたのが共進会のきっかけです。生糸は1885（明治18）年第1回共進会が開催され，群馬県や長野県の生糸が「上糸」として評価されています。

＊1　富田鐵之助。1835年生まれ。外交官・政治家であり実業家。日本銀行総裁，東京府知事などを歴任。1916年没。

生糸検査所による品質保証，商標に関する生産組織の努力と行政権力によるサポート，さらには博覧会や共進会の開催など長年の努力を通じて，日本産生糸は信頼を回復したのです。この点は，経済学的な説明をふまえて後述・再論します。

> ❖コラム：歴史のかけら（6）「万葉の後悔」
>
> 　生糸を原料とする絹織物は，古来から貴重品でした。奈良時代，平城京では朱雀大路を挟んで東と西に市が開催されました。各地から納められた特産品がこの公設バザーで販売されていたのです。『万葉集』には「西の市に一人で出かけて見比べもせず買った絹が粗悪品だった」と嘆く歌があります（**史料6-3**）。
>
> **【史料6-3】**『万葉集』巻第七，一二六四
> 「西の市にただひとり出でて眼並べず買ひてし絹の商<ruby>じ<rt>あき</rt></ruby>こりかも」
> （佐竹・山田・工藤・大谷・山崎，2013，276頁）
>
> 　買い物の後悔を綴ったこの歌の心情としては，もう二度と同じ商品を買うまいと決意したとも考えられます。この歌には「軽率に決めた結婚相手が見掛け倒しのかすだったことを後悔する内容」を比喩したとする解釈もあります（小島・木下・東野，1995，235-236頁）。買い物であれ結婚相手との出会いであれ，多くの人は後悔したくありません。とはいえ判断材料が不足すれば「かす」を手にして後悔することになります。行動前の期待が行動後の帰結と一致するなら，その期待は理にかなったものです。こうした合理性に基づく期待を合理的期待（rational expectations），合理的期待に基づいて利得の最大化を図る行動を合理的行動と呼びます（室岡，2023）。
> 　合理的期待には情報を処理するプロセスが必要です。しかしながら現実には，情報の収集や処理に関する不備が生じがちです。たとえ情報が足りたとしても，後から考えてみれば分かっていたはずなのに選ぶ際に迷いが生じるというのは，読者の皆さんにもご自身もしくはお知り合いのケースで思い当たることがあるかもしれません。合理的期待，あるいは合理性は往々にして限定的にしか発揮されないのです。契約や取引は，こうした限定合理性（bounded rationality）を持ち合わせた当事者どう

しでなされているとも言えます（Simon, 1982; Williamson, 1996）。

　経済学の一つの潮流として，合理性を限定的にしか持ち合わせない個々人の行動を前提として望ましい経済のあり方を考える学問分野，行動経済学（behavioral economics）が注目されています（Kahneman and Tversky, 1982；依田，2010；大竹，2019；室岡，2023）。合理性を発揮できた成功体験だけではなく，数々の非合理な後悔や失敗を見つめ直すことでも新たな創造の機会を切り拓くことは可能なのです。歴史を学ぶ際にも，成功や失敗に潜む合理性もしくは非合理性を整合的に把握する姿勢は必要なのです。

6.2　隠された性質

6.2.1　逆 選 択

▶ モラルハザードと逆選択の違い

　逆選択（adverse selection）とは，非対称情報が原因となって，望ましいタイプの当事者が取引や契約に参加しなくなることを指します。望ましくないタイプの当事者が生存競争に適応し，望ましいタイプの当事者が淘汰されるから，逆淘汰と呼ばれることもあります（奥野・鈴村，1988；伊藤，2012；安藤，2013；神取，2014；松島，2018；石田・玉田，2020）。逆選択は市場の機能不全，つまり**市場の失敗**（market failure）の一例です。

　第5章で紹介した保険業界のモラルハザードの話には続きがあります。保険会社はモラルハザードを起こしそうなタイプの相手ではなく，健全なタイプのお客さんと契約を結びたいはずです。しかし前者の望ましくないタイプこそ，保険金がインセンティブとなって自分の特性（characteristics）を隠して契約を結ぼうとします。健全なタイプの被保険者からすれば，支払った保険料が他人の受け取る保険金に転じてしまうことは不愉快な話です。そのため望ましくないタイプの人ほど保険契約を結

びがちな傾向が鮮明になります。1920年代の保険業界はこうした傾向のことをモラルハザードとは別に逆選択と呼び分けるようになったのです（Rowell and Connelly, 2012）。

モラルハザードは契約後の隠れた行動が問題なのに対して，逆選択は契約前の**隠された性質**（hidden characteristics）が問題なのです。現代の生命保険会社は医師の診断などを通じて被保険者の健康情報を契約を結ぶ前に把握して逆選択を防ぎます。

▶ レモンの定理

経済学者ジョージ・アカロフ（George A. Akerlof）は逆選択の発生メカニズムを示す定理を導きました（Akerlof, 1970）。彼の定理は，中古車市場のレモン（スラングでポンコツ車のこと）を題材としたことから**レモンの定理**と呼ばれます。ここでのレモンは，品質が隠された財を意味します。レモンの定理のエッセンスを数値例で紹介しておきます（林, 2013）。

説明に際しては，トレカ（交換やゲームを目的としたトレーディングカード）の売買を例に挙げておきます。10人の学生がトレカを1人1枚持参して別の10人の買い手に売ります。ただしトレカにはH（価値が高いカード）とL（価値が低いカード）の2種類があります。売り手と買い手の20人とも次の（a）〜（d）を確認しています。

(a) 売り手の10人はHなら4,000円以上で売りたいが4,000円に達しないなら売らない。

(b) 売り手の10人はLなら500円以上で売りたいが500円に達しないなら売らない。

(c) 買い手の10人はHなら5,000円までなら出せるし，競り勝ってでも欲しい。

(d) 買い手の10人はLなら600円までなら出せるし，競り勝ってでも欲しい。

売り手の談笑から「Hは5枚だ」という声が漏れました。買い手10人は，HとLが5枚ずつあると分かりましたが，どれがHなのかは売

り手の私的情報（private information）のままです。トレカの価値はゲーム内で発揮する能力のほか，希少価値，さらに発売時期など様々な要因に依存します（藪内・森・岡田，2023）。販売元の業者がゲームの新規ルールを設定したり同じカードを量産したりすることでHがLに転落することや，LがHに進化することもあります。この想定では，トレカはレモンなのです。

HとLの区別ができないなか，買い手は1つの価格水準pでHともLとも分からないトレカを買うことになりました。売り手および買い手の合理的期待（コラム参照）は次のようにpの水準による場合分けによって導かれます。

（ⅰ）$5,000 < p$のとき

　買い手10人の支払える制限を超えているので，売買は成立しません。

（ⅱ）$4,000 \leq p \leq 5,000$のとき

　売り手は10人ともHとして売りますが，買い手は50％の確率でLが売られると予想できます。買い手の期待利得は「支払える上限額からpを差し引いた分」の期待値なので，Hを買う場合とLを買う場合それぞれの確率50％（＝0.5）を用いて

$$0.5(5,000-p) + 0.5(600-p) = 2,800-p$$

となります。しかし$4,000 \leq p \leq 5,000$ですので期待利得はマイナスです。買い手は買うのをやめますので，売買は成立しません。

（ⅲ）$600 < p < 4,000$のとき

　Lの売り手は売るつもりですが，Hの売り手は売るのをやめます。これらの判断が予想できるので，買い手にはLしか売られないことが分かります。買い手の期待利得は$600-p$です。この期待利得はマイナスとなるので，売買は成立しません。

（ⅳ）$500 \leq p \leq 600$のとき

　Lの売り手は売るつもりですが，Hの売り手は売るのをやめます。買い手はLだけしか売られないと予想がつきますので，買い手の期待利得は$600-p$です。この期待利得はプラスですので，5枚のLを

表 6-2　トレカの売買成立

		売り手	売　買	買い手
i	$5{,}000 < p$		不成立	誰も買わない
ii	$4{,}000 \leq p \leq 5{,}000$	全員 H として売る	不成立	期待利得マイナス
iii	$600 < p < 4{,}000$	L の売り手のみ売る	不成立	期待利得マイナス
iv	$500 \leq p \leq 600$	L の売り手のみ売る	成立	期待利得プラス
v	$p < 500$	誰も売らない	不成立	

10 人の買い手が競って買うことになります。競りを通じてトレカは 600 円で取引されることになります。

（v）$p < 500$ のとき

売り手全員が売るのをやめるので，売買は成立しません。

以上の議論を整理したものが**表 6-2**です。売買は（iv）のケースしか成立せず，売買されるのは L だけです。このとき，H は取引の場から撤退を余儀なくされます。ここでいう撤退こそ，売り手が良質な財を市場に供給するインセンティブが失われる状態，すなわち逆選択です。

このトレカの取引で逆選択が生じないようにするには，各カードが H なのか L なのかが明らかになれば良いわけです。それこそ，もしもこの取引が現実のものであれば，誰かの提案で各カードが H なのか L なのかが明らかになるので，そもそも逆選択の問題も生じないはずです。すなわち，H は 4,000 円から 5,000 円の間，L の価格は 500 円から 600 円の間で売買されるはずです。売り手だけの私的情報となっていたカードの質を買い手が把握できることで，逆選択を防ぐことができるのです。

アカロフは，ジョセフ・スティグリッツ（Joseph E. Stiglitz），そしてマイケル・スペンス（A. Michael Spence）とともに 2001 年のノーベル経済学賞を受賞しました。スティグリッツの分析した**スクリーニング**（screening），およびスペンスの分析した**シグナリング**（signaling）はいずれも逆選択の対処策とされます。研究トピックが関連しあっている

からこそ，3人は別々の研究ながら同時受賞となったのです。

6.2.2　スクリーニングとシグナリング

▶ **スクリーニング**

スクリーニングとは，情報を持たないプレイヤーが情報を持つプレイヤーに選択肢を提供することです。相手に選択肢から自由に選ばせることで，相手の情報を申告させることがスクリーニングのねらいです（Stiglitz, 1975）。例えば保険会社は情報を持たないプレイヤー，被保険者が情報を持つプレイヤーとします。ここでいう情報とは被保険者のタイプです。保険会社は選択肢として2つの保険商品，「保険料は安くアクシデントが起きた場合の給付金も安い保険A」と「保険料は高くアクシデントが起きた場合の給付金も高い保険B」を提供します。被保険者がBを選んだとすれば，保険会社は「このお客さんはアクシデントを起こしやすいタイプ」と判断できます。

スクリーニングの別の例として，無料会員と有料会員の区別があります。例えばレストランや料理店のレビューサイト「食べログ」のユーザは無料会員と有料のプレミアム会員に分かれています。サイトの運営会社（カカクコムグループ）は無料会員とプレミアム会員の消費行動をそれぞれ分析することでタイプごとに提供するサービスなど販売戦略を絞り込むことができます（島，2022）。

▶ **シグナリング**

シグナリングとは，情報を持つプレイヤーが情報を持たないプレイヤーに対して判断材料を主体的に提供することです。この判断材料をシグナルと呼びます。スペンスがシグナルの例に挙げたのは労働市場における学歴です（Spence, 1973）。彼は「面接官が労働者の能力を予想して賃金を決定するための判断材料」として学歴を捉えたのです。彼の想定のもとでは，より高い賃金が得られる学歴を取得しておけば，労働者は高い賃金を得られると考えられます。こうした見方に対しては「学歴によ

る賃金の違いは所得を獲得できる能力の差だ」とする意見もあります（Becker, 1964）。ここでいう能力は人的資本のことを指します。教育機関で学んだことと賃金所得の関係として2つの経路が存在することになります。一つは学歴というシグナルが影響して賃金が決まる経路，もう一つは人的資本を形成した成果として賃金が決まる経路です。どちらの経路でどれほどの影響があるのかについては，日本でも様々な実証研究の蓄積があります（小塩，2002；中室，2015；佐野，2024）。

　シグナリングの別の例として，高い広告費も挙げられます。オリンピック，あるいはワールドカップなど国際的な規模で開催されるスポーツ大会にはスポンサーがつきます。フリーキャッシュフローが潤沢でなければこうした大会のスポンサーになることはできません。広告はそもそも自社製品の質の高さをアピールする手段ですが，高い広告費ともなると良好な営業実績をマークする企業であることを消費者に間接的に知らせる役割も果たすのです（清水・堀内，2003）。

　シグナリングには「特定のタイプなら負担にならず，他のタイプのプレイヤーには負担になる」という程度のコストが必要です。高い能力を示したい受験生（将来の労働者）は受験勉強に費やし，そうでないならば受験勉強には励まない，というタイプ別の着地点があるからこそ学歴はシグナルとして機能します（こうした着地点を分離均衡と言います）。「この会社で働きたいと宣言する」という，どのタイプも着地できる行動や，「ノーベル経済学賞受賞」というどのタイプもおいそれと着地できない成果はシグナルになりません（こうした着地点を一括均衡と言います）。タイプの識別が肝心なので，シグナリングに必要なコストは経済に寄与することもありません。あまりに高いコストを強いる場合は，社会の仕組みとして不適切になりかねないのです。

　理不尽なコストを要するシグナリングの例として，**文化的隔離**（cultural segregation）の問題が挙げられます。文化的隔離とは，ある集団や組織から特定の文化の人々を隔離してしまうことを指します。顕著な例は黒人差別です。経営者が従業員を募集する際に，書類選考の段階で「黒人特有の名前をつけている応募者は面接に呼ばない」傾向が実証研

究で観察されたのです（Freyer and Levitt, 2004）。名前がシグナルとなってしまうと，就職に有利だからといって先祖から伝わる文化的な規範を破ってまで親が子どもに命名することになります。こうした文化的隔離を助長するシグナルの使わせ方は，社会のあり方として望ましいものではありません（松島，2018）。

　文化的隔離は，**統計的差別**（statistical discrimination）とも関係します。統計的差別とは，本来は偏見（prejudice）でしかない区別にすぎないにもかかわらず，実際に統計的に差が現れることをエビデンスとして特定の集団を差別することを指します。偏見として「女性は仕事ができない」と考えている経営者が多数であると，女性は高い能力を習得するインセンティブを失ってしまいます。こうした状況が長く続くと，結果として男女間の技能の差を生み出してしまいます。「女性は仕事ができない」ということが自己実現してしまうのです。このために男女間の技能利用の差が統計的なエビデンスとなってしまいます。そうしたエビデンスは，アメリカやイギリスに比べて日本において顕著なものとして観察されています（川口，2017）。統計的差別は，国籍・年齢・性別・文化的隔離の問題など，当人にはどうにもできないことをシグナルにさせようとする発想と結びつきます。こうした文化的隔離や統計的差別の根源を探ることも，実証的に経済を分析する切り口となるのです。

6.2.3　非対称情報の解消

▶「外はツヤツヤ，中はスカスカ」

　品質の良し悪しが価格に反映されていない財をレモン財と呼びます。レモン財は価格を見ても品質が分からないため，市場では逆選択が生じます。かつて筆者が試験で逆選択に関する出題をした際に，「外はツヤツヤ，中はスカスカ」とだけ記した答案がありました。レモンの特徴を巧みに表現したキャッチコピーとして，筆者は例年この文言を授業で紹介しています。

　本章でクローズアップした明治初期の生糸は言わばレモンだったので

す。リヨン市場において日本産生糸がそれまでの価格帯では購入されなくなったことはまさに逆選択です。こうした状況に対してリヨン側でも貿易組合（trade association）や商工会議所（chamber of commerce）の活動を通じた情報収集が図られていました（Vernus, 2016）。かたや日本に関しては，生糸商標による評判形成，生糸検査所による品質保証，さらに内国勧業博覧会や共進会を通じた情報開示が進みます。これらの策は，第三者による情報生産（information production）です。第三者による情報生産は，スクリーニングやシグナリングとは異なるものの，やはり逆選択の防止策となります。生命保険会社が被保険者に対して医師の診断を要請することも，医師という第三者による情報生産の例です。

▶ 逆選択の実証分析

中古車市場における逆選択を明示した実証研究では，情報生産の面で恵まれた買い手と恵まれなかった買い手との顕著な違いが観察されています。例えばスイスのバーゼル市域の車検記録を対象とした分析があります（Emons and Sheldon, 2002）。その分析結果によると，ディーラー保証付きで販売された車に比べて個人の所有者から購入した車の方が大規模な修理の頻度が高かったそうです。買い手に把握できない情報があるために，ディーラーを媒介にしなければレモンをつかまされていたことになります。売り手と買い手の非対称情報がディーラーによって解消されているのです。

同じくディーラーの情報生産に着目したものとして，2007 年から 2014 年までのアメリカの中古車取引を分析した実証研究もあります（Biglaiser, Li, Murry, and Zhou, 2020）。約 500 万件の中古車取引のうち，ディーラー取り扱いは約 6 割でした。このサンプルに関して，(1) ディーラーが取り扱う場合の取引価格にはディーラープレミアム（ディーラー不在の販売価格よりも高くなった分）が存在する，(2) ディーラー・プレミアムは車の年式が古くなるほど高くなる，さらに (3) ディーラーから購入した中古車は次に転売されにくい，といったことが明らかにされています。価格形成の機能不全がディーラーによって是正されてい

るのです。

　評判形成についても工夫された実証研究があるのでご紹介しておきます。その研究は，専門的な知識がなければ財の価値が見極められない市場として収集品のネットオークション取引に着目しました（Cabral and Hortaçsu, 2010）。具体的な分析対象はイーベイ（eBay）における骨董品や切手，さらには古銭・古紙幣などの取引です。イーベイでは出品者（売り手）と落札者（買い手）のそれぞれが取引に関してコメントを添えて評価をつけています。したがって評価を定量的なデータとして利用することができるのです。分析結果から，オークション取引に長く参加しているユーザほど高評価を受けている傾向が突き止められました。低評価がついた売り手は売上の急減に直面するとともにその後に低評価を受ける頻度が高まる，さらにはオークションから退出しやすくなることも判明しています。継続的に取引に参加しているユーザには信頼や評判を形成するに値する実績があったのです。

▶ 買い手が情報を簡単に入手できるようになること

　情報生産や信頼の形成のほか，標準化（standardization）も事前の非対称情報を解消する手段となります（石田・玉田, 2020）。ここでいう標準化とは，主としてチェーン店販売の企業が採用する戦略を指し，どのチェーン店の各店舗においても商品・サービス，さらには店舗のデザインなども一律とすることでチェーン店全体の統一感を出すことができます。こうした戦略は，料理店，ショッピング・モール，ホテル，さらには建売住宅などで実践例が確認できます。例えばラーメン屋さんであれば，店独自にメニューや味付けについてこだわりの工夫をしても良いはずですが，利用客としては初めての入店に際して多少なりとも勇気が必要です。もしもラーメン屋がチェーン店であれば，買い手は「博多で食べ慣れたあのラーメンが名古屋の店舗でも満喫できそうだ」と過去の経験を通しながら入店できます。供給側にネットワークが形成されていることで取引コストが節約できるわけです（Williamson, 1996）。

　買い手は，買い物に際して当たり外れ，つまりは確率をイメージしま

す。ゲーム理論や意思決定論では，そうした確率についての予想を信念（belief），あるいは事前的主観分布（subjective priors）と呼びます。「生糸検査所で質が保証された製品だから良質だろう」，「このユーザが出品しているなら価値の高いものだろう」，さらには「名古屋で食べ慣れたあの手羽先料理が札幌の店舗でも満喫できそうだ」などの情報をもとに買い手は信念を形成します。取引当事者は当人なりに信念に基づいて合理的期待を形成します（コラム参照）。シグナリング，スクリーニング，情報生産，評判形成，さらには標準化といった策は，合理的行動を支えることで逆選択という市場の機能不全，つまりは市場の失敗を防ぐのです。

　市場経済の歴史は，市場の失敗に対して人々がどのように立ち向かってきたのかについての記録の積み重ねです。生糸であったり，あるいは絹織物であったり，幕末維新期の粗製濫造問題に接近することは，一つには技術進歩をどのように達成できたのかについて，もう一つには市場経済の機能不全がどのように克服されて経済発展を達成できたのかについて，問題を探るヒントになるのです（橋野，2007：大野，2023）。

ゼミナール課題

課題1

　渋沢栄一は，1890（明治23）年第3回内国勧業博覧会に際して，品評員会のメンバーを選出しています。彼がこの博覧会における品評会の意義について発言を残しています。以下にその一部を原文のまま引用します。現代語訳した上で，渋沢のこの発言がどのような意味を持つか，経済学の視点で整理してまとめて下さい。

「夫レ商業ハ富国ノ大本ナリト，豈ニ偶然ナランヤ，農工水礦ノ何レヲ問ハス凡ソ物産ハ常ニ内外人ノ需用ニ供スル目的ニ外ナラス，然レトモ世ノ変遷ト共ニ各需用者ノ嗜好一様ナラス，所謂流行即チ向キモ亦随テ変更スレハ，其需用者ニ直接スル専業者ニ頼テ探クルニアラサレハ何程丹誠ヲ凝ラ

シタル農産物モ，何程精巧ヲ尽シタル工芸品モ，何程技術ヲ極メテ得タル水産礦物モ到底市場ノ売買ニ掛ケテ声価ヲ得サル時ハ原料及ヒ工作ノ費用併セテ徒労ニ属ス，真ニ慎マサル可ラス，故ニ生産者ハ商業者ニ就テ其向キヲ知ルハ一大必要ニシテ，商業ハ寧ロ国産ノ興廃ヲ支配スル者ト謂テ可ナリ…（中略）…古今ノ学識ニ富ム者ハ能ク市場ノ向キヲ推知スルハ却テ商業者ニ優レリト，又農工諸般ノ実業者ハ其初メ使用方法ヲ研究スルト共ニ能ク其向キヲ知レリト云フト雖トモ，数多ノ需用者ニ直接販売スル者ニアラサレハ商業者ニ劣ルコト論ヲ俟タス，例スレハ調剤者ニシテ偶々患者ノ有様ヲ聞知スルハ直接スル医者ノ熟知ニ如カス，然レトモ専ラ市価ヲ目的トセス単ニ培養ノ丹精ヲ鑑ミ，工芸ノ妙技ヲ定メ，其巧拙ヲ学理的ニ審査シテ之ヲ奨励スルハ美術品ノ如キニ至リテハ或ハ然ラン」

（渋沢青淵記念財団竜門社1958，257頁）

課題2

あなたがクレジットカード会社に勤務しているとします。サービスの利用者（店舗もしくは店舗の顧客）に関して逆選択の問題が起きるとすればどのようなケースでしょうか。加えてその逆選択問題を防ぐための方策としてどのような手段が考えられるかを議論して下さい。議論に際して，実際のカード会社のサービスについて調べて参照しても構いません。

第7章

どうすれば市場の機能不全を防げるか？
：独占と寡占

　本章は，第1節では明治時代の海運業を独占から寡占（事実上は複占）への移行プロセスとして解説します。第2節では独占および寡占の問題点について解説します。

　本章の要点は次の2点です。

■岩崎弥太郎率いる郵便汽船三菱の独占的状況を打開するため，渋沢栄一は共同運輸を創設したが，双方の競争はそれぞれの組織内部の疲弊と外部の混乱をもたらした。

■独占および寡占，すなわち不完全競争のもとでは商品・サービスの取引が本来の価格で行われなくなる。政府は規制を実施したり，公営企業を創設したりなど，何らかの措置を講じる必要がある。

7.1 海運業の独占と複占

7.1.1 岩崎弥太郎の郵便汽船三菱

▶ 独占的状態から2社の競争へ歩んだ明治時代の海運業

1社独占状態の海運市場に大型の新規参入が生じ，両社が熾烈な競争の末に合併する事態が1880年代の日本で生じました（独占や寡占，複占の意味については第2節を参照）。独占状態を作ったのは岩崎弥太郎が率いる**郵便汽船三菱会社**です。新規に参入したのは渋沢栄一が立役者となって設立された**共同運輸会社**です。1885（明治18）年9月に両社は合併し，日本郵船が創立されます。

人物紹介
岩崎弥太郎（いわさき やたろう）

（画像：国立国会図書館デジタルコレクション「近代日本人の肖像」）

1835年土佐国安芸郡井ノ口村（現 高知県安芸市井ノ口）生まれ。実業家。三菱グループの創始者。1885年没。

まず郵便汽船三菱の独占状態が成立した事情について説明しましょう（佐々木，1961；日本郵船，1988a；小風，1995；増田，2009；武田・関口，2020；Yokoyama, 2024）。

郵便汽船三菱の前身は三菱商会です。三菱商会は，1872（明治5）年3月に岩崎弥太郎を社主として結成されました。三菱商会がシェアを拡大するきっかけとなったのが1874（明治7）年の台湾征討です。明治政府の前島密や渋沢栄一が設立に尽力した海運会社として日本国郵便蒸気船が営業していましたが，同社は赤字経営に直面していました。このた

め三菱商会に白羽の矢が立ったのです。政府が征討を決定した際，三菱商会が軍事輸送を受託したのです。台湾征討における軍事輸送を受託したことで，三菱商会は東京の本店と横浜・大阪・神戸・長崎の各出張所を結ぶ電信ネットワークを形成するという強みを手にしたのです（水上，2018）。

　1875（明治8）年5月，三菱商会は三菱汽船会社に改名します。政府は三菱汽船会社を単独で保護する方針を打ち出し，台湾征討の際に購入した東京丸ほか13隻について，売却や質入れを禁止することを条件として三菱汽船会社に対価なく譲り渡しました。この特別措置には，安い運賃による海上輸送を通じて生産と物流の増大，ひいては貿易を振興する意図がありました（日本郵船，1988b，449頁）。同年9月，三菱汽船は郵便汽船三菱会社に再度改名します。

　各地域の海上輸送に尽力する海運会社は少なくありませんでしたが，日本列島全域に渡る遠距離輸送が可能だった海運会社は郵便汽船三菱のみでした。全国の主要な港湾を通信ネットワークで結びつけたことには相当程度のアドバンテージがあったものと考えられます。日本列島全域を営業圏とする海運会社として，郵便汽船三菱は独占状態を誇ったのです。

▶ **独占の弊害**

　この独占状態のもとで，運賃の吊り上げと船隻不足が問題化しました。まず運賃ですが，1877（明治10）年の西南戦争により，インフレが進行しました。郵便汽船三菱は運賃引き上げとともに，海上保険の加入を義務付けて保険料の徴収をスタートします（逓信省，1941，929頁）。加えて，運賃をドルで表示することで事実上1.6倍にまで運賃を引き上げる行動も見られました（渋沢青淵記念財団竜門社，1956b，35-36頁）。

　いわゆる「お雇い外国人」の一人，アルバート・ブラウン（Albert R. Brown）は，日本の海運業の発展にアドバイザーとして尽力しました。ブラウンは政府に海運業の状況について報告書を提出します。この報告書においては，海運市場が船隻不足の状況にあることが示されています

（史料7-1）。

[史料7-1] ブラウン報告書にみる独占の実態

「…昨今運漕船の員数不足せるがため全国の損失はなはだ大なりというも，決して誣言にあらざるべし。…（中略）…目下船隻の不足は実に全国の通患というべし。…（中略）…船隻の数に乏しく海運の便を欠くについては貿易の発達を妨碍しかつ邦家の損失を招きしこと，決して鮮少にあらざるなり」

（日本郵船，1988b，449頁。一部，旧漢字・仮名づかいおよび句読点を加筆・修正）

1880年代になると北海道運輸会社や越中風帆船（ふうはんせん）会社など，個人事業主の海運業者が結集して法人組織を形成する潮流が各地で現れます。そうした流れのなか，政府は郵便汽船三菱に対抗できるだけの大規模な海運会社の創設に取り組むようになるのです。

7.1.2　共同運輸の設立経緯

▶ 独占を打破する試み

共同運輸は，東京風帆船会社，越中風帆船会社および北海道運輸会社という既存の海運会社の合併を通じて設立された官民合同の会社です。この設立の経緯を説明することにします（日本郵船，1988a；大石，2008；増田，2009；武田・関口，2020；Yokoyama, 2024）。

1880（明治13）年，東京風帆船会社が設立されます。渋沢栄一の従兄・喜作が発起人筆頭でした。発起人として協力した人物には三井物産の益田孝（第3章および第4章参照）がいます。益田は出資者集めに奔走し，富山県の伏木港開港に尽力した藤井能三や新潟県の富豪である鍵富三作（かぎとみさんさく）（初代）などの協力者を得ました。東京風帆船の社長には海軍大佐の遠武秀行が就任しました。

東京風帆船設立に対し，岩崎弥太郎は3つの対抗手段を講じました。

第1の策は，同社設立の協力者を説き伏せて味方にすることです。三菱社員の寺田成器が富山県に派遣され，寺田が藤井能三の説得に当たりました。1881（明治14）年，藤井は自らを取締役として越中風帆船会社を設立します。岩崎の協力が得られると知ったことが，藤井の背中を後押ししたのです。岩崎の第2の策は，渋沢に関する醜聞を広めることでした。当時，渋沢喜作は米の投機取引による損失を補填するため，第一国立銀行から資金を借り入れていたのです。この借り入れにかこつけて，さらに未成年向けではない言い回しも用いた上で，岩崎は新聞や雑誌にスクープ記事を掲載させます。第3の策が，政治家の圧力を利用することでした。岩崎は大蔵卿の大隈重信に対し，渋沢栄一の非を訴えたのです。もっとも，渋沢と親しい五代友厚が大隈を説得したことで渋沢は難を逃れます（渋沢青淵記念財団竜門社，1956，20-24頁）[*1]。

▶ 政治的な背後事情

岩崎弥太郎，および岩崎の後ろ盾となっていた大隈重信にも転機が訪れます。その転機とは，1881（明治14）年の「明治十四年の政変」です。ドイツ流の立憲君主制を支持する伊藤博文らの勢力がイギリス流の議院内閣制を模範とすべきだとする大隈重信の一派を政界から追放したのです。大隈は議会制度の成立を視野に入れて，政党として立憲改進党を結成します。伊藤博文，さらには井上馨にとって，立憲改進党の勢力拡大は好ましいものではありませんでした。彼らの反発意識は，大隈だけでなく，大隈の政治活動を資金面で支えた岩崎弥太郎にも向けられます。

当時結成されていた自由党もまた立憲改進党の敵対勢力でした。自由党は政府や立憲改進党に対する批判だけでなく，岩崎弥太郎が海運業で独占状態にあることへの敵意を広める活動を展開します。自由党の政治活動を通じて岩崎に対する不満が拡散することは，大隈を敵視する伊藤や井上にとって好都合でもありました。

[*1] 五代友厚。1836年薩摩国長田町（現在の鹿児島県鹿児島市長田町）生まれ。実業家。天和鉱山など鉱山開発にあたり「鉱山王」とも称される。1885年没。

▶ M&Aによる新規参入

　井上馨および品川弥二郎は，渋沢栄一および三井物産の益田孝に対して，東京風帆船，越中風帆船，および北海道運輸の3社を合併して新会社を設立するよう打診します[*2]。越中風帆船は岩崎が関与して設立された経緯があります。そこで東京風帆船設立の協力者でもあり北陸の海運業を支えた鍵富三作を介して交渉が進められたのです。

　1883（明治16）年，東京風帆船，越中風帆船，そして北海道運輸の3社が合併し，共同運輸会社が設立されます。共同運輸は，太平洋側，日本海側，および北海道近海を結んで，本州近海を一周する営業圏を手にしたことになります。共同運輸の資本金600万円のうち340万円は民間出資でしたが，残りの260万円は政府の出資でした。政府の出資に際しては有事における軍事輸送を担うことが条件とされました。加えて，政府出資のみならず，日本銀行が共同運輸に対して期限1年年利8％の30万円を貸し付けています。この貸付は，日本銀行の歴史のなかでも「異形のもの」とされるほど超法規的措置でした（日本銀行，1982，334頁）。なおこの日銀貸付は，民間出資の支えもあり，期限1年の通り返済されました。返済に際しては共同運輸から利下げの陳情があり，日銀総裁から大蔵卿・農商務卿への親展報告を経て引き下げが実施されました（八木，1987）。貸付のみならず返済においても尋常ではない措置が採用されたのです。

　共同運輸は初代社長に海軍少将の伊藤雋吉，副社長にはかつての東京風帆船の社長である遠武秀行が就任します。発起人の総代は，品川弥二郎でした。益田孝，渋沢喜作，および鍵富三作のほか，財界人として三井武之助，大倉喜八郎，さらに浅野統一郎らも発起人に含まれました。三菱に対抗する事業家が結集していたのです。なお，渋沢栄一は第一国立銀行の頭取を務めていました。渋沢は，特定の企業の経営陣に名を並べないようにしており，共同運輸設立においても同様でした（**史料7-2**）。

[*2] 品川弥二郎。1843年長門国阿武郡椿郷東分村（現在の山口県萩市）生まれ。長州藩藩士から明治政府の官僚に。1900年没。

[史料7-2] 渋沢の半生をまとめた『青淵先生伝初稿』より

「先生（渋沢栄一のこと——引用者注）は共同運輸会社を創立して、三菱会社と対抗の決心を固めたれども、銀行者として公然かかる事に関係を有するは面白からずとて、運輸会社の重役には就任せず、常に背後にありてこれを援助せり」

（渋沢青淵記念財団竜門社，1956，81頁）

7.1.3　郵便汽船三菱と共同運輸の競争

▶ 運賃引き下げによる顧客増を見込んだ供給能力増強

共同運輸は供給能力を増強し、郵便汽船三菱との運賃引き下げ競争の準備を整えます。1883（明治16）年9月、渋沢栄一はビジネス仲間の五代友厚に書簡を送っています。その書簡のなかで、彼は共同運輸会社が船舶数を「来年」の1884（明治17）年には増強すること、ならびに運賃引き下げを実施する予定であることを伝えています（**史料7-3**）。

[史料7-3] 共同運輸の供給能力増強

「共同運輸会社も追々船舶相増しきりに尽力いたし、来年に相成り候わば、運賃は著しき下落も相見え申すべきか」

（渋沢青淵記念財団竜門社，1971，395頁。一部、旧漢字および旧仮名づかいを修正）

価格引き下げ競争がスタートすれば需要増が見込めますので、その需要増に対応できるだけの供給能力に高めておく必要があります（花薗，2018）。新たな顧客にサービスを供給できなければ価格を引き下げる意味がないからです。渋沢の書簡には、船の数を増やしておいてから、一挙に運賃引き下げモードを強める意図が明確に現れているのです。

▶ 郵便汽船三菱と共同運輸の供給能力

表7-1は1885（明治18）年時点で郵便汽船三菱と共同運輸が所有し

表 7-1　共同運輸および郵便汽船三菱の供給能力

	船隻数	登簿トン数総計	1隻平均登簿トン数	標準偏差
共同運輸	27	16,562	613.4	437.3
1883年以前製造	13	5,651	434.7	331.5
1884年以後製造	14	10,911	779.4	468.5
郵便汽船三菱	29	22,208	765.8	423.9
1883年以前製造	27	19,428	719.6	401.6
1884年以後製造	2	2,780	1,390.0	55.2

（資料出所：大石（2008，第1表）およびYokoyama（2024, Table 1））

ていた船隻の船隻数，登簿トン数（貨物や旅客の積載量）総計，1隻平均登簿トン数および標準偏差を示したものです。各船隻について製造年が判明するので，1883（明治16）年以前製造の船隻と1884（明治17）年以後製造の船隻とにグルーピングできます。

　共同運輸の所有船隻は27隻，積載量は総計16,562トン，1隻平均613.4（±437.3）トンです。そのうち1883（明治16）年以前製造の13隻は総計5,651トン，平均434.7（±331.5）トン，1884（明治17）年以後製造の14隻は総計10,911トン，平均779.4（±468.5）トンです。1884（明治17）年に供給能力を大幅に増強したことが窺えます。

　この年，共同運輸は北海道近海2ルート（森・室蘭間，および国後諸島）に加え，横浜・四日市間，横浜・神戸間，小樽・増毛間，および神戸・高知間の4ルートを新設するなど航路を拡張しています（武田・関口，2020）。

　対する郵便汽船三菱は，1885（明治18）年時点で29隻所有し，それらの積載量は総計22,208トン，平均765.8（±423.9）トンです。郵便汽船三菱の供給能力は共同運輸に勝っていました。ただし，29隻のうち27隻が1883（明治16）年以前の製造です。郵便汽船三菱は共同運輸に比べると船の老朽化に直面していたのです。郵便汽船三菱は1884（明

治17）年に1,000トンクラスの船を2隻購入します（ゼミナール課題1参照）。

▶ 激化する両社の競争とその弊害

　1880年代前半はいわゆる松方デフレの時期であり，あらゆる物品やサービスの価格は低下傾向にありました。デフレ不況のもと，多くの人々の所得が減少していた点も看過できません。海運市場にかかわらず，そもそも需要の減退はやむを得ない局面であるとともに，値下げも不自然にはならない状況でした。郵便汽船三菱は，デフレのなか運賃引き下げを進めていましたが，共同運輸はデフレとは無関係に運賃引き下げを積極的に進めて顧客拡大に乗り出します（後述）。共同運輸は，船内で昼夜を問わず1時間おきの巡回を実施したり，体調不良の乗客に薬を提供したりなど，非価格競争についても余念がありませんでした。共同運輸のこうしたサービスが好評であったという情報は，郵便汽船三菱社内でもシェアされます（大石，2008；武田・関口，2010）。

　共同運輸と郵便汽船三菱の競争は，海運業にとっても深刻な問題となります。井上馨に関する伝記『世外井上公伝3巻』には，両社の競争が各地の中小規模の海運業者の経営を圧迫していたことを記しています（**史料7-4**）。

［史料7-4］共同運輸と郵便汽船三菱の競争がもたらした弊害

「共同運輸の出現によって，三菱も自己の海上権を保持するためには，運賃の低下・航海の競争・顧客の維持等利益の多少を問わず事業に従事せねばならなかった。かくして従来の専恣な態度は次第に匡正され，貿易業者や一般旅客はようやく便益を得るようになった。しかしまた一利あるところに一害の生ずるのは自然の数である。共同・三菱両会社が互いに雄を争って，運賃の値下げ・顧客の争奪・船舶の競航をなし，月をおってそれが激烈となり，この競争の結果はただに相互の経営を危殆に導いたばかりでなく，その影響は全国の小運漕業者にも及ぼし，その営業を困難ならしめた。小運漕業者の営業困難はひいては

造船業にも不振をきたし，我が海運界の発展上面白からぬ傾向が生じた」

（井上馨侯伝記編纂委員会，1968，559 頁。一部，旧漢字および旧仮名づかいを修正）

1885（明治 18）年 2 月，岩崎弥太郎が他界します。彼が他界する前後の期間，農商務省が何度か和議と仲裁を試みます。この仲裁の結果，郵便汽船三菱と共同運輸の間に運賃引き下げ競争の抑制を骨子とする協定が交わされます。ただし，港では周旋営業人（港で顧客を斡旋していた仲介役）が共同運輸派と郵便汽船三菱派とに対立していました。この対立のため，双方の周旋請負人が勝手に運賃引き下げを進めているなど，本社レベルでの協定が無視される状況が続いていたのです（コラム参照）。

1885（明治 18）年 10 月 1 日に共同運輸と郵便汽船三菱は合併して日本郵船が設立されます。社長に就任した森岡昌純は，「社員親睦調和ノ義ニ付論達」と題した文書を発します。旧来の敵対関係にあった従業員どうしの不和を防ぐことが通達の目的です。当時の経済論壇では「共同に船あって人なく，三菱に人あって船なし」という評価がなされていました（松下，1940，4 頁）。実際，共同運輸の船は郵便汽船三菱に比べて先進的であった一方で，乗組員や機関士など従業員の技能形成に関しては郵便汽船三菱の方が充実していました。両社の合併により日本郵船が設立された際，新経営陣は三菱側のメンバーが多数を占めます（日本郵船，1988a）。日本郵船の設立はマネジメントの人材と先端的な設備とのマッチングを改善する合併だったとも言えるのです。

1884（明治 17）年に大阪商船，1886（明治 19）年に浅野廻漕部（のちの東洋汽船）など様々な海運会社が創業します。こうした国内の海運会社との競争もさることながら，インド綿花輸入をめぐって英国 P&O 汽船会社（Peninsular and Oriental Steam Navigation Company）との競争も激化します。海運市場は，株式会社制度の発達とともに外国企業の勢力拡大を受けて競争を通じて発展するようになるのです。

明治時代は国際経済の潮流として，環大西洋一帯に集中しがちであっ

た貿易が環太平洋一帯にも軸を移し始める局面でもありました。この視点を踏まえると，かつての共同運輸の参入は，国際貿易が重要な構造変化を迎えつつあるなか，海運業における独占の弊害を克服するためのステップアップともなるはずでした。そのステップアップが必ずしも望ましい状態に着地できなかったことにもなります。さらなる改善のためには政治家を介したM&Aというかたちで調整が進められることになったのです。海運業の発達もまた，明治時代は試行錯誤の繰り返しだったのです。

❖コラム：（7）「不本意な不和」

　1885（明治18）年2月に共同運輸と郵便汽船三菱は運賃の引き下げ競争を停止する協定を結んだはずでした。同年4月，岩崎弥太郎の事業を継いだ弟の弥之助は，共同運輸に対して文書を通じて抗議します。彼は共同運輸が協定に反して運賃を引き下げていると主張します。共同運輸は農商務省大輔の品川弥二郎に文書を送り，「本社において約定を破り候儀などは毛頭これなき」と反論します（日本郵船，1988b，346頁）。

　各地の港には周旋請負人と呼ばれる人々が活躍していました。周旋営業人は海運会社と荷主の間に立つ運賃の交渉人です。ただし彼らは個人営業ではありません。積荷問屋あるいは汽船問屋といった名称のもと，いくつかの同業者組織が形成されていたのです。こうした周旋営業人は本社にライバル会社の評判など様々な情報を伝える役割を果たすことにもなります（武田・関口，2020）。

　共同運輸および郵便汽船三菱が交わした協定では，両社それぞれが専属の周旋営業人と契約することになりました。この周旋営業人たちが運賃を引き下げさせていたのです（大石，2008；横山，2021）。

　なぜそうしたことが起きたのか，それは報酬制度にありました。周旋営業人らは，各々がメンバーとなっている問屋から彼らに支払われる口銭（手数料）が販売切符の枚数ごとに定められていたのです。そうなるとなかには顧客のお茶代を負担してまで顧客を集めようとする者も現れます。さらに顧客を引き寄せるために，周旋営業人が勝手に運賃を引き下げるまでにもなったのです。業績連動型報酬システムのネガティブな側面が作用したことで，本社レベルでの合意形成が水の泡となったのです。周旋営業人の勝手な行動が本社レベルにとって予期せぬ不和を生み

> 出していたのです。
>
> 　日本郵船が設立された際，海運会社と周旋営業人との契約関係についても見直しがなされます。周旋営業人はあらかじめ等級に区分され，等級ごとに固定給が与えられるようになったのです。その等級については問屋どうしの投票つまりメンバー内の評判形成によって決められました。しかも客引きについては上限を設定し，そもそも周旋営業人が多くの客を誘い込む動機を与えないようにしたのです。合併前に発生していた取引コストを合併後に生じさせないようにする工夫が施されたのです。組織におけるインセンティブ設計の失敗は，当事者となる企業にとって不本意な企業間対立を起こしかねないのです。

7.2　独占と寡占

7.2.1　独　占

▶ 独占企業はプライステイカーではない

　経済学，ことにミクロ経済学を勉強する際，独占や寡占より先に**完全競争市場**の価格形成について勉強されると思います。完全競争市場において企業は無数に存在し，新規参入も自由とされます。市場取引に参加する企業は，その産業やその商品・サービスの販売に必要な技術を活用して販売します。この技術は同じ時代であればどの企業も同じ水準となります。同一な技術のもとで他社に遅れを取らないように，企業はできる限り費用を抑える，つまりは利潤を最大化するために努力を傾けます。

　完全競争市場では，需要と供給の釣り合う水準の価格が均衡価格となります。完全競争市場の企業は自社独自では価格を決められず，プライステイカー，つまり均衡価格が与えられるプレイヤーとなります。

　独占とは，ある企業が商品・サービスの唯一の供給者となる状況を指します。第4章で学習したイノベーションが実現すれば，どの企業よりも先んじて，つまり抜きん出た存在として，費用の最小化や利潤最大化

を図ることができます。こうした企業はもはや新しい技術を誇りつつ自社独自で価格を決めることのできるプレイヤーとなります。こうした状況にある企業を独占企業と呼んでおきます。独占企業は自らの都合で販売価格を定めることができます。この価格を**独占価格**と呼んでおきます。

独占企業はプライステイカーではありません。独占価格は「需要と供給の釣り合う水準」とは別の水準として決めることができます。その方が利潤を大きくできるからです。この点を次に説明しましょう。

▶ 独占価格の決まり方

図 7-1 は，縦軸を価格，横軸を数量とする座標平面をもとに，(a) が完全競争市場における価格の決まり方，(b) が独占市場における価格の決まり方を示します。まず (a) は需要曲線と供給曲線が描かれています。需要曲線は，価格が下落（上昇）するにつれて買い手の購入意欲が高まる（下がる）ことを示します。供給曲線は，価格が上昇（下落）するにつれて売り手の販売意欲が高まる（下がる）ことを示します。価格が p^* のとき，需要と供給の釣り合いが取れ，販売される数量は q^*

図 7-1　完全競争市場と独占市場

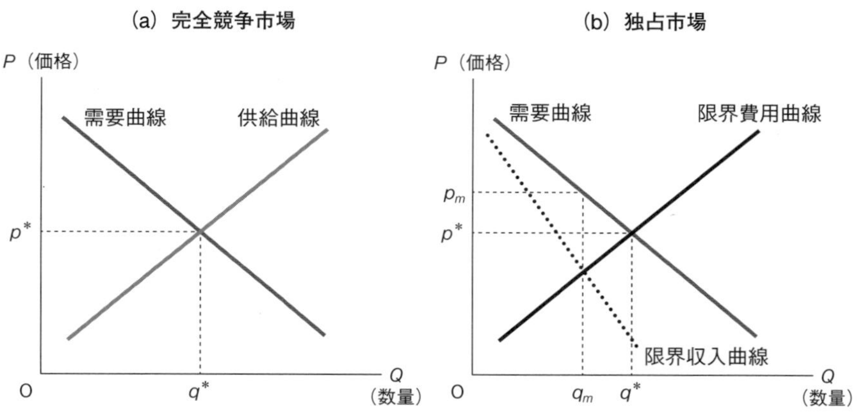

(a) 完全競争市場

(b) 独占市場

となります。

　図7-1（b）の独占市場には需要曲線はありますが、供給曲線がありません。完全競争市場における企業はプライステイカーとして、つまり成立している価格の受け手として、商品・サービスの生産量を決めなくてはなりません。しかし独占企業は自由に価格を設定できますので、市場価格に応じて個々の企業が生産量を変動させることを示す供給曲線は、考える必要がないのです。ただし、生産量と費用との間には無視できない関係があります。それは、限界費用がプラスであることです（第2章参照）。限界費用曲線は右上がりの曲線として描くことができます。**費用関数**（生産量に要する総費用を示す関数）を$C(q)$とすると、導関数$C'(q)$が限界費用MCです。

　図7-1（b）にはもう一つ、**限界収入曲線**があります。限界収入とは販売量が1単位増えるときの収入の増分です。(7.1)式は価格と数量の積、つまり総収入TRを示します。

$$TR = p^* q = P(q)^* q \tag{7.1}$$

$P(q)$は逆需要関数です。需要関数は価格pが与えられたときの需要量を示す、つまり$q = D(p)$です。この需要関数についてqが与えられたときのpの値を求める関数が逆需要関数です。限界収入MRは(7.1)式右辺をqについて微分したものなので、関数の積の微分の公式を用いて、

$$MR = P(q) + q^* P'(q) \tag{7.2}$$

と表せます。なお$P'(q)$は$P(q)$の導関数です。需要曲線に関してpとqは負の相関関係にあるので、$q > 0$とすると(7.2)式の第2項は負になります。したがって総収入MRは同じ水準のqに対して需要曲線の示す価格よりも低くなります。図7-1の限界収入曲線は、需要曲線の下側に示されています。

　独占企業の生産において、限界収入が限界費用を上回るならば増産のインセンティブが生じますが、転じて限界収入が限界費用を下回ると減

産のインセンティブが生じます。利潤 π は総収入 TR から総費用を差し引いた値ですので，

$$\pi = TR - C(q) \tag{7.3}$$

と表せます。利潤 π が最大値をとるとき，

$$MR - MC = 0 \qquad \therefore MR = MC \tag{7.4}$$

が成立します。すなわち，独占企業の利潤は，限界収入と限界費用が等しくなる水準の生産量で最大化されます。

　独占企業の特徴は完全競争市場と対照的に把握することができます。完全競争市場における供給曲線は，標準的なケースでは限界費用曲線に一致します（神取，2014）。一方の独占市場では，図 7-1 (b) で示されるように，取引量が q^* よりも少ない q_m となります。しかも均衡価格は p^* よりも高い p_m です。独占市場においては**過小供給**とともに**価格の吊り上がり**が生じているのです。

　史料 7-1 の「ブラウン報告書」では郵便汽船三菱の船隻不足が指摘されていました。この船隻不足は，独占市場の典型的な特徴，過小供給そのものです。船隻不足によって貿易不振が懸念されたことは，明治時代の海運業ならではの具体的な様相だったのです。

7.2.2　囚人のジレンマ

▶ **独占を打ち壊そうとするライバルの登場**

　郵便汽船三菱に対して共同運輸が新規参入したように，独占的状況を打ち壊そうとするライバルが現れることがあります。こうしたライバルどうしの利害対立を分かりやすく捉える手立てとして，**囚人のジレンマ**（prisoner's dilemma）というシンプルなゲームが知られています。

　囚人のジレンマは数学者のアルバート・タッカー（Albert W. Tucker）が創案したゲームです。1946（昭和 21）年にアメリカ陸軍航空軍は戦略立案と研究を目的としてランド研究所（RAND Corporation）という

シンクタンクを設立しました。タッカーはスタンフォード大学で教鞭を取るかたわら、同研究所の顧問でもありました。1950（昭和25）年に彼はスタンフォード大学の心理学科において講演会を依頼されます。この講演で、タッカーはランド研究所の科学者メリル・フラッド（Merrill Flood）とメルヴィン・ドレッシャー（Melvin Dresher）が創案したゲーム理論のモデルを取り上げました。受講者への分かりやすさを優先し、タッカーは彼らの理論分析のエッセンスを伝えるためのストーリーを創案しました（Poundstone, 1992；松谷, 2016）。

▶「囚人のジレンマ」のストーリー

まずタッカーのストーリーを簡単に説明しておきましょう。ある2人が犯罪の容疑で逮捕され、それぞれ別々に警察に身柄を確保されました。証拠が不十分なので罰金を科すには自白が必要です。警察は2人を別々の取調室に連れ、それぞれ次のように伝えます。

（Ⅰ）1人が自白してもう一方が黙秘すれば、前者は報奨金が与えられ、後者1人だけが罪を犯したことの罰金が科せられる。

（Ⅱ）両者とも自白すれば、2人が折半して罰金を支払わなくてはならない。

（Ⅲ）両方とも黙秘すればともに釈放される。

表7-2はタッカーのストーリーを示す利得表です。罰金は−2もしくは−1、さらに報奨金は1で表されています。このゲームでは（自白, 自白）が唯一のナッシュ均衡です。どちらのプレイヤーにとっても相手が自白しようが黙秘しようが自白することが最適反応ですし、相手が戦略を変更しない限りどちらのプレイヤーにも戦略変更のインセンティブがありません。しかし自分が自白した場合に相手が黙秘していれば利得は1でしたし、互いに黙秘すれば0で済んだはずです。相手を出し抜こうとした帰結として相手を出し抜けなくなるというジレンマが生じています。

2人が共謀すれば、（黙秘, 黙秘）を選ぶこともできます。この着地点は2人にとってナッシュ均衡（自白, 自白）よりも改善された状態で

表 7-2　タッカーのストーリー

容疑者 Y

	黙　秘	自　白
容疑者 X　黙　秘	(0, 0)	(−2, 1)
自　白	(1, −2)	(−1, −1)

す。どのプレイヤーの利得も犠牲にすることなく少なくとも 1 人のプレイヤーの利得を高められることを，経済学者の名にちなんで**パレート改善**（Pareto improvement）と呼びます。共謀することでナッシュ均衡からのパレート改善が可能であることは，プレイヤーどうしが非協力的か協力的かで各々のインセンティブが相反するというジレンマの現れでもあります。

　タッカーのストーリーは非現実的ですが，現実味を持たせた別のストーリーに置き換えられて広まります。例えば懲役刑の年数に関する司法取引の話や，核攻撃をめぐる国際紛争の話に置き換えられています。タッカーのストーリーよりもむしろこれらの置き換えられたストーリーの方が読者の皆さんも馴染み深いかもしれません。

　特に後者の核攻撃の問題は切実なトピックです。**表 7-3** は核保有国 U と S のゲーム的状況を示した利得表（数値例）です。このゲームのナッシュ均衡は（核攻撃，核攻撃）ですが，双方の協力を通じて（開戦せず，開戦せず）へのパレート改善を達成する可能性も示されています。アメリカが広島と長崎に原爆を投下したのは 1945（昭和 20）年です。その 4 年後の 1949（昭和 24）年 8 月，ソビエト連邦がセミパラチンスク核実験場（現在のカザフスタンに設置）で初の核実験を実施しました。タッカーが講演した 1950（昭和 25）年は，アメリカによる核の独占が終わり，ソビエトという大国が核保有国として新規に参入した直後でし

表 7-3　核攻撃における囚人のジレンマ

核保有国 S

		開戦せず	核攻撃
核保有国 U	開戦せず	(0, 0)	(−2, 1)
	核攻撃	(1, −2)	(−1, −1)

た。囚人のジレンマという概念が広く知られるようになったことの背後には，緊迫した国際情勢のなかにあって，核戦争を回避できる展望が理論的に示されたことも影響していました（Poundstone, 1992）。

　繰り返しになりますが，囚人のジレンマは，独占的状況を打破するかのようにライバルが出現した局面を分析する上で，格好の手立てです。では，郵便汽船三菱の独占的状況に対し共同運輸が新規参入を試みた状況をもう少し掘り下げてみましょう。

7.2.3　寡占市場

▶ 複占市場における戦略的相互依存性

　少数の企業が商品・サービスを供給し，競争する市場を**寡占市場**と呼びます。2 社しかない場合は**複占市場**とも呼びます。寡占市場において，企業は価格あるいは生産量を戦略として決定できる点で市場支配力を持ちます。独占企業と同様に，寡占市場の企業もまたプライステイカーではないのです。寡占市場における競争は不完全競争とも称されます。

　価格引き下げによって，ライバル企業の顧客を引き寄せることもできますし，新たな顧客を開拓することも見込まれます。他のプレイヤーの行動が自分の戦略決定に影響する関係が成立することを**戦略的相互依存性**（strategic interdependence）と呼びます。

表 7-4　共同運輸および郵便汽船三菱の戦略的相互依存性

	共同運輸 1883年	共同運輸 1884年	郵便汽船三菱 1883年	郵便汽船三菱 1884年	2社合計 1883年	2社合計 1884年
船客運賃収入（千円）-A	41.1	196.1	818.0	634.5	859.1	830.6
船客（千人）-B	14.4	67.5	195.3	157.5	209.7	225.0
A/B	2.85	2.91	4.19	4.03	4.10	3.69
貨物運賃収入（千円）-C	336.2	808.0	2,216.0	1,663.2	2,552.2	2,471.2
貨物（千トン）-D	35.5	286.5	555.2	551.7	590.7	838.2
C/D	9.47	2.82	3.99	3.01	4.32	2.95
運賃収入合計（千円）	377.3	1,004.1	3,034.0	2,297.7	3,411.3	3,301.8

（資料出所：Yokoyama（2024））

　表 7-4 は共同運輸と郵便汽船三菱の2社の船客と貨物の収入運賃の状況を，1883（明治 16）年および 1884（明治 17）年について示したものです。まず船客ですが，共同運輸は 1 万 4,400 人から 6 万 7,500 人に増えました。郵便汽船三菱の船客は 19 万 5,300 人から 15 万 7,500 人に減らしました。船客運賃収入を船客数で割って単純に運賃を計算すると，共同運輸は 2.85 円/人から 2.91 円/人，郵便汽船三菱は 4.19 円/人から 4.03 円/人に変化しています。共同運輸の顧客拡大は船客運賃引き下げではなく非価格競争に依存していたことが窺えます。

　貨物に目を転じてみましょう。共同運輸が 3 万 5,500 トンから 28 万 6,500 トンへと増やしたのに対し，郵便汽船三菱は 55 万 5,200 トンから 55 万 1,700 トンに減らしています。貨物運賃を単純計算すると，共同運輸は 9.47 円/トンから 2.82 円/トン，郵便汽船三菱は 3.99 円/トンから 3.01 円/トンにそれぞれ引き下げています。共同運輸の方が引き下げ幅は大きいことが窺えます。こうした顕著な貨物運賃引き下げによって共同運輸は貨物について顧客の獲得に成功したのです（横山，2021；Yokoyama, 2024）。

表 7-5　複占市場におけるベルトラン競争

企業 M

		価格維持	価格引き下げ
企業 K	価格維持	(Y, Y)	$(0, 2y)$
	価格引き下げ	$(2y, 0)$	(y, y)

▶ ベルトラン競争

　寡占市場の価格競争は，ベルトラン競争（Bertrand competition）と呼ばれます。表 7-5 は複占市場におけるベルトラン競争をシンプルなゲーム的状況として示す利得表です。プレイヤーは企業 K と企業 M です。戦略は価格を維持するか引き下げるかの二者択一です。非価格競争に関しては双方とも互角だとしておきます。ライバル企業が価格を維持する一方で価格を引き下げれば，ライバル企業の顧客を奪うことができます。奪った側の利得は $2y$，奪われたライバル企業の利得を 0 とします。もし両社とも価格を引き下げれば，顧客を半々で獲得できるものとし，利得を y としておきます。両社とも価格を維持する場合は，ともに利得を Y とします。価格が高いことから $Y>y$ とします。ただし $2y>Y>y>0$ とします。

　表 7-5 のゲーム的状況は囚人のジレンマです。ナッシュ均衡は（価格引き下げ，価格引き下げ）です。4 つの状態のなかでは利得が 2 番目に低い状態ですから，両社とも出し抜こうと思っても出し抜けない状態にあります。加えて，史料 7-4 で確認したように，全国区を営業圏とする大手の複占企業どうしが競争を展開することも営業圏の限られた地方の中小企業の経営を圧迫する事態も生じます。こうした望ましくない状況を避けるには，何らかの規制が必要とされてきます。なお，寡占市場における競争については，互いに独立して生産量を調整するクールノ

一競争（Cournot competition）や，先手の価格戦略に対して後手が対応する競争を踏まえるシュタッケルベルグ競争（Stackelberg competition）など，応用例があります。

規制のない状態で両社が協力しあうとどうなるか，考えてみましょう。両社が協力しあって（価格維持，価格維持）が着地点となったとします。両社だけを考えればパレート改善が達成されます。ただし，顧客を含めて考えると話は変わります。顧客は他の3つの状態よりも高い値段で購入しなくてはなりません。複占企業どうしが協力しあうことは，顧客に我慢，つまり不利益を強いることになります。顧客から見れば，協力というよりも企業どうしが共謀する状況に見えるのです。

過度の価格競争や共謀が招く不利益は，独占における過小供給と同様に，規制の対象とされます。ミクロ経済学，なかでも産業組織論といった分野は，企業間の競争や競争政策が適切かどうかを議論するための様々な重要な切り口を提示しています。

ゼミナール課題

課題1

表7-1にあるように郵便汽船三菱は，1884（明治17）年の時点で大型船を2隻購入しています。この船隻購入にどのような経営戦略があったと考えられるでしょうか？　議論してみて下さい。本書の参考文献や，国立国会図書館デジタルコレクションで閲覧できる文献を手分けして参照しても構いません。

課題2

学習グループから無作為にペアを作り，そのペアどうしで「囚人のジレンマ」のゲームをしてみて下さい（例えばプレイヤー1人につき2枚のカードを用意し，1枚目は黙秘，2枚目に自白と記載して隠し持っておき，誰かの合図で同時にテーブルの上にどちらかのカード差し出す，などの方法です）。作られたペアのうち，ナッシュ均衡が成立したのは何組ですか？　頻度をパーセンテージで求めて下さい。なお，同じペアで数回ゲームを繰り返し，互いの

選ぶ戦略が回を重ねても変わらないか，変わるか，確かめて下さい（何度かゲームを重ねたら，ペアをチェンジして同じように試みて下さい）。なお試行した実験の方法が，「囚人のジレンマ」が想定しているように，2人のプレイヤーが協力できない状況を保つように注意して下さい。

参考文献

序　章

伊神満（2018）『「イノベーターのジレンマ」の経済学的解明』日経BP。
石井寛治（1991）『日本経済史　第2版』東京大学出版会。
伊藤秀史・小林創・宮原泰之（2019）『組織の経済学』有斐閣。
井上勝生（2006）『幕末・維新：シリーズ日本近現代史1』岩波新書。
上野雄史・星野崇宏・安田洋祐・山口真一（2022）『そのビジネス課題，最新の経済学で「すでに解決」しています。仕事の「直感」「場当たり的」「劣化コピー」「根性論」を終わらせる』日経BP。
大竹文雄・平井啓編（2018）『医療現場の行動経済学──すれ違う医者と患者』東洋経済新報社。
大塚啓二郎・黒崎卓・澤田康幸・園部哲史編（2023）『次世代の実証経済学』日本評論社。
大橋弘編（2020）『EBPMの経済学　エビデンスを重視した政策立案』東京大学出版会。
川西諭（2009）『ゲーム理論の思考法』中経出版。
楠見孝（2018）「第2章　学校の先生に使ってほしい・教えてほしい心理学」楠見孝編『心理学ってなんだろうか？　四千人の調査から見える期待と現実』誠信書房，30-68頁。
小岩信竹（1971）「政策用語としての『殖産興業』について」『社会経済史学』（社会経済史学会）第37巻第2号，178-197頁。
佐々木雄一（2022）『近代日本外交史』中公新書。
佐藤達哉・尾身康博・渡邊芳之（1994）「現代日本における2つの心理学　ポップな心理学とアカデミックな心理学──そのズレから心種学を考える」『行政社会論集』（福島大学行政社会学会）第7巻第1号，1-45頁。
渋沢青淵記念財団竜門社（1955）『渋沢栄一伝記資料第二巻』渋沢栄一伝記資料刊行会。
城繁幸（2004）『内側から見た富士通「成果主義」の崩壊』光文社。
杉谷和哉（2024）『日本の政策はなぜ機能しないのか──EBPMの導入と課題』光文社新書。
武田晴人（2019）『日本経済史』有斐閣。
中室牧子（2015）『「学力」の経済学』ディスカヴァー・トゥエンティワン。
中室牧子・津川友介（2017）『「原因」と「結果」の経済学』ダイヤモンド社。
深尾京司・攝津斉彦・中林真幸（2017）「巻末付録　生産・物価・所得の推定」深尾京司・中村尚文・中林真幸編『岩波講座　日本経済の歴史第3巻　近代Ⅰ──19世紀後半から第一次世界大戦前（1913）』岩波書店。
横山和輝（2018）『日本史で学ぶ経済学』東洋経済新報社。
Acemoglu, Daron, and James A. Robinson. (2012). *Why Nations Fail.* Crown Publishers.
Evans, Jonathan St. B. T., Stephen E. Newstead, and Ruth M. J. Byrne. (1993). *Human Reasoning: The Psychology of Deduction.* Routledge.

Piketty, Thomas. (2014). *Capital in the Twenty-First Century.* Harvard University Press.

Shiller, Robert J. (2019). *Narrative Economics: How Stories Go Viral and Drive Major Economic Events.* Princeton University Press.

第 1 章

青木昌彦（2016）「第 1 章　政治-経済的プレイにおける前近代から近代的状態への移行：明治維新と辛亥革命」青木昌彦・岡崎哲二・神取道宏監修『比較制度分析のフロンティア』NTT 出版.

岡崎寛徳（2018）「江戸山の手の質屋伊勢屋長兵衛と幕府・大名――用立・饗応・勝手向奉公」『大倉山論集』（公益財団法人大倉精神文化研究所）第 64 輯，1-31 頁.

岡崎哲二（2010）「第 3 章　制度の歴史分析」中林真幸・石黒真吾編『比較制度分析・入門』有斐閣.

株式会社日本取引所グループ（2017）『日本経済の心臓　証券市場誕生！』集英社.

木村昌人（2014）「第 6 章　グローバル社会における渋沢栄一の商業道徳観」橘川武郎，パトリック・フリデンソン編『グローバル資本主義の中の渋沢栄一』東洋経済新報社，155-184 頁.

木山実（2013）「三井物産草創期の人員：特に先収会社からの人員に注目して」『經濟學論叢』（同志社大學經濟學會）第 64 巻 4 号，1282-1312 頁.

佐々木雄一（2022）『近代日本外交史』中公新書.

篠田鉱造（1997）「油掘伊藤家の八人娘」篠田鉱造『幕末明治　女百話（上）』岩波書店（岩波文庫），19-30 頁.

渋沢青淵記念財団竜門社（1962）『渋沢栄一伝記資料第四十四巻』渋沢栄一伝記資料刊行会.

鈴木祥（2018）「明治期日本における領事裁判と商人領事」『外交史料館報』第 31 号，61-83 頁.

高槻泰郎（2012）『近世米市場の形成と展開――幕府司法と堂島米会所の発展』名古屋大学出版会.

高槻泰郎（2018）『大坂堂島米市場　江戸幕府 vs 市場経済』講談社.

ハンター，ジャネット（2014）「第 5 章　公正な手段で富を得る：企業道徳と渋沢栄一」橘川武郎，パトリック・フリデンソン編『グローバル資本主義の中の渋沢栄一』東洋経済新報社，117-154 頁.

藤本實也（1939）『開港と生糸貿易　中巻』刀江出版.

萬代悠（2024）『三井大坂両替店――銀行業の先駆け，その技術と挑戦』中公新書.

森田朋子（2005）『開国と治外法権――領事裁判制度の運用とマリア・ルス号事件』吉川弘文館.

柳川範之（2013）「エンフォースメントの不完全性について」『新世代法政策学研究』Vo. 19，333-346 頁.

ユキ・A. ホンジョー（2001）。「第 2 章　幕末維新期開港場における内外商の取引関係――約束，合意，契約」岡崎哲二編『取引制度の経済史』東京大学出版会，43-75 頁.

横浜市（1963）『横浜市史第 3 巻下』.

横山和輝（2018）「第 6 章　プラットフォームの経済学」『日本史で学ぶ経済学』東洋経済新報社.

Acemoglu, Daron, Davide Cantoni, Simon Johnson, and James A. Robinson. (2011). The Con-

sequences of Radical Reform: The French Revolution. *The American Economic Review*, 101 (7): 3286-3307.
Chaisemartin, Clément de, and Xavier D'Haultfœuille. (2023). *Difference-in-Differences for Simple and Complex Natural Experiments*. Available at SSRN. URL: https://ssrn.com/abstract=4487202（最終アクセス日：2023 年 12 月 31 日）．
Donn L. Feir, Rob Gillezeau, and Maggie E. C. Jones. (2023). Institutional Drift, Property Rights, and Economic Development: Evidence from Historical Treaties. *NBER Working Paper*, No. 31713, National Bureau of Economic Research, Inc.
Greif, Avner. (1993). Contract Enforceability and Economic Institutions in Early Trade: The Maghribi Traders' Coalition. *The American Economic Review*, 83 (3): 525-548.
Greif, Avner. (2006). *Institutions and the Path to the Modern Economy: Lessons from Medieval Trade*. Cambridge, UK: Cambridge University Press.
Haggard, Stephan M. and Lydia Brashear Tiede. (2011). The Rule of Law and Economic Growth: Where are We?, *World Development*, 39 (5): 673-685.
Ishida, Shigehiro, and Kazuki Yokoyama. (2023). Origins of the Tokyo Stock Exchange: Path Dependence of Trading Systems. *JPX* (Japan Exchange Group, Inc.) *Working Paper*, No. 41.
Nakamoto, Satoshi. (2008). *Bitcoin: A Peer-to-Peer Electronic Cash System*. URL: https://bitcoin.org/bitcoin.pdf（最終アクセス日：2024 年 5 月 24 日）．
North, Douglass. C. (1990). *Institutions, Institutional Change and Economic Performance*. Cambridge University Press: Cambridge.
Roth, Jonathan, Pedro H. C. Sant'Anna, Alyssa Bilinski, John Poe. (2023). *What's Trending in Difference-in-Differences? A Synthesis of the Recent Econometrics Literature*. URL: https://arxiv.org/pdf/2201.01194.pdf（最終アクセス日：2023 年 12 月 31 日）．
Takatsuki, Yasuo. (2022). *The Dojima Rice Exchange-From Rice Trading to Index Futures Trading in Edo-Period Japan- (translated by Louisa Rubinfien)*. Japan Publishing Industry Foundation for Culture.
Yokoyama, Kazuki. (2023). Whispers of Chaos: Intervention on the Mexican Dollar Quotes in Japan, 1869-1885. *Oikonomika* (Society of Economics Nagoya City University), 58 (1): 41-54.

第 2 章

阿部武司・平野恭平（2016）『産業経営史シリーズ 繊維産業』日本経営史研究所．
石井里枝（2017）「第 3 章　近代産業の発達」石井里枝・橋口勝利編『MINERVA スタートアップ経済学 5　日本経済史』ミネルヴァ書房，69-91 頁．
榎一江（2009）「近代日本の経営パターナリズム」『大原社会問題研究所雑誌』（法政大学），第 611・612 号，28-42 頁．
大阪新報社（1906）『日本商工大家集：日露戦争記念』．
大森義明（2008）『労働経済学』日本評論社．
岡室幸雄（1993）『明治期紡績労働関係史――日本的雇用・労使関係形成への接近』九州大学出版会．
加藤健太（2008）「武藤山治の株主総会運営――鐘淵紡績「株主総会議事速記録」の分析」

『高崎経済大学論集』第 60 巻第 4 号，219-248 頁．

鐘紡株式会社（1988）『鐘紡百年史』．

神林龍（2017）『正規の世界・非正規の世界——現代日本労働経済学の基本問題』慶應義塾大学出版会．

川口大司（2011）「ミンサー型賃金関数の日本の労働市場への適用」RIETI Discussion Paper Series 11-J-026（独立行政法人経済産業研究所）．

川村一真・清水泰洋・藤村聡（2015）「戦前期の賃金分布：会社内・会社間比較」『国民経済雑誌』第 211 号，69-84 頁．

清水慶一・中島久男・山口義弘（1989）「関東地方内陸部の産業施設についての近代建築技術史を軸とする調査研究：内務省勧業寮屑糸紡績所（現カネボウ食品工業新町工場）の建築について」『Bulletin of the National Science Museum. Series E Physical Sciences & Engineering』（国立科学博物館）第 12 号，29-46 頁．

玉川寛治（2023）『日本における初期綿糸紡績技術の研究』東北大学大学院経済学研究科博士学位論文．URL: https://tohoku.repo.nii.ac.jp/records/2000105（最終アクセス日：2023 年 12 月 31 日）．

千本暁子（1981）「明治期紡績業における男女間賃金格差」『経営史学』第 16 巻第 1 号，65-87 頁．

千本暁子（1995）「日本における女性保護規定の成立——1911 年工場法成立前史」学術文献刊行会編『日本史学年次別論文集　近現代 3　1995 年版』，813-820 頁．

千本暁子（1999）「20 世紀初頭における紡績業の寄宿女工と社宅制度の導入」『阪南論集社会科学編』第 34 巻第 3 号，57-67 頁．

千本暁子（2016）「紡績業における雇用関係の転換点——鐘紡と中央同盟会との紛議事件を通して」『社会経済史学』第 82 巻第 2 号，175-197 頁．

土井徹平（2004）「『温情主義』と欧州の接点」『エネルギー史研究』（九州大学石炭研究資料センター）第 19 号，109-139 頁．

中川宗人（2017）「戦前期日本における経営理念：武藤山治とバーナードにおける組織観の分析を通して」『大原社会問題研究所雑誌』（法政大学），705 巻，57-73 頁．

橋口勝利（2015）「Ⅱ　近代日本紡績業と労働者——近代的な「女工」育成と労働運動」関西大学経済・政治研究所『第 161 冊　大阪の都市化・近代化と労働者の権利』，11-29 頁．

橋口勝利（2022）『近代日本の工業化と企業合併　渋沢栄一と綿紡績業』京都大学学術出版会．

兵庫県内務部（1903）『実業之誉』．

平井直樹・池上重康・中江研・石田潤一郎（2013）「明治後期から昭和初期における職工社宅改善の試み：宇野利右衛門の著述に基づく労働者居住施設の歴史的考察（その 2）」『日本建築学会計画系論文集』78 巻 692 号，2223-2232 頁．

深尾京司・攝津斉彦・中林真幸（2017）「巻末付録　生産・物価・所得の推定」深尾京司・中村尚文・中林真幸編『岩波講座　日本経済の歴史　第 3 巻　近代Ⅰ——19 世紀後半から第一次世界大戦前（1913）』岩波書店，273-288 頁．

武藤山治（1934）『私の身の上話』発行所・武藤金太（由井常彦監修『人物で読む日本経済史第 4 巻　私の身の上話——武藤山治』1994 年，ゆまに書房）．

湯澤規子（2020）「近代産業地域社会における「生活」と「労働」の再編過程——Women's

Educational and Industrial Union, Boston 史料による再編主体の日米比較を視野に」『歴史と経済』第 247 号，4-17 頁．
横山和輝（2018）「第 2 章　インセンティブの経済学」『日本史で学ぶ経済学』東洋経済新報社，61-97 頁．
Claudia, Goldin D.（2021）. *Career and family*. University Press.
Mincer, Jacob A.（1974）. *Schooling, Experience, and Earnings*. National Bureau of Economic Research.
Yamaguchi, Shotaro, Serguey Braguinsky, Tetsuji Okazaki, and Takenobu Yuki.（2023）. Resource Allocation and Growth Strategies in a Multi-Plant Firm: Kanegafuchi Spinners in the Early 20th Century. *Strategic Management Journal*, 30 November 2023: 1-35（Online）.

第 3 章

麻島昭一編（1987）『財閥金融構造の比較研究』御茶の水書房．
石井寛治（1992）『日本の産業化と財閥』岩波ブックレット．
岩崎宏之（1980a）「第一章　明治維新期の三井」三井文庫編『三井事業史本篇第二巻』三井文庫，3-48 頁．
岩崎宏之（1980b）「第二章　明治初年における機構改革の展開」三井文庫編『三井事業史本篇第二巻』三井文庫，51-199 頁．
岩崎宏之（1980c）「第三章　三井銀行の創立」三井文庫編『三井事業史本篇第二巻』三井文庫，123-213 頁．
岩崎宏之（1980d）「第四章　三井物産会社の創立」三井文庫編『三井事業史本篇第二巻』三井文庫，217-318 頁．
岩崎宏之（1980e）「第六章　三井家政改革の展開」三井文庫編『三井事業史本篇第二巻』三井文庫，387-480 頁．
岩崎宏之（1980f）「第七章　多角的事業経営の成立と三井家共有財制度の再編成」三井文庫編『三井事業史本篇第二巻』三井文庫，483-560 頁．
岩崎宏之（1980g）「第八章　三井家憲の制定」三井文庫編『三井事業史本篇第二巻』三井文庫，563-654 頁．
岩崎宏之（1980h）「第九章　三井合名会社の成立」三井文庫編『三井事業史本篇第二巻』三井文庫，657-754 頁．
内田浩史（2010）『金融機能と銀行業の経済分析』日経 BP マーケティング．
岡崎哲二（1993）「第 4 章　企業システム」岡崎哲二・奥野正寛編『現代日本経済システムの源流』日本経済新聞社，97-144 頁．
岡崎哲二（1999）『持株会社の歴史』ちくま新書．
小倉義明・内田浩史（2008）「金融機関の経営統合とソフトな情報の毀損」『経済研究』（一橋大学経済研究所），59 巻第 2 号，153-163 頁．
粕谷誠（2002）『豪商の明治』名古屋大学出版会．
川本真哉（2022）『データ分析で読み解く日本のコーポレート・ガバナンス』中央経済グループパブリッシング．
菊地浩之（2009）『日本の 15 大財閥——現代企業のルーツをひもとく』平凡社新書．
北澤満（2003）「北海道炭礦汽船株式会社の三井財閥傘下への編入」『経済科学』（名古屋大学大学院経済学研究科），第 50 巻第 4 号，156-168 頁．

橘川武郎（1996）『日本の企業集団』有斐閣．
木庭俊彦（2015a）「31　初期三井物産の経営」三井文庫編『史料が語る三井の歩み――越後屋から三井財閥』吉川弘文館，62-63頁．
木庭俊彦（2015b）「40　同族の欧米視察」三井文庫編『史料が語る三井の歩み――越後屋から三井財閥』吉川弘文館，80-81頁．
鹿野義昭（2019）「再考：明治四年の銀行論争」『金融経済研究』第42号，21-45頁．
時事新報社経済部（1926）『財づる物語』東洋経済新報社．
鎮目雅人（2020）「近代移行期から現代にかけての信用貨幣の進化――国立銀行を中心に」鎮目雅人編『信用貨幣の生成と展開――近世〜現代の歴史実証』慶應義塾大学出版会，245-265頁．
鎮目雅人（2021）「紙幣統合への道程――明治初年の「銀行論争」再考」岩橋勝編『信用貨幣の生成と展開――近世〜現代の歴史実証』慶應義塾大学出版会，221-225頁．
柴垣和夫（1965）『日本金融資本分析』東京大学出版会．
下谷政弘（2021）『三井，三菱，そして住友　いわゆる財閥考』日本経済評論社．
鈴木邦夫（2020）「批判　中上川の工業主義と益田の商業主義という図式」『三井文庫論叢』第54号，1-131頁．
鈴木邦夫（2023）「独立採算制単位と組織間・職員間の競争――三井物産の場合」岡崎哲二・大石直樹編『戦前期日本の総合商社　三井物産と三菱商事の組織とネットワーク』東京大学出版会，35-69頁．
第一物産株式会社（1951）『三井物産会社小史』．
高橋弘幸（2013）『企業競争力と人材技能――三井物産創業半世紀の経営分析』早稲田大学出版部．
武内成（1995）『明治期三井と慶應義塾卒業生』文眞堂．
武田晴人（2020）『財閥の時代　日本型企業の源流をさぐる』角川ソフィア文庫．
寺西重郎（1991）『工業化と金融システム』東洋経済新報社．
寺西重郎（2011）『戦前期日本の金融システム』岩波書店．
東京証券取引所（2021）『コーポレート・ガバナンス・コード〜会社の持続的な成長と中長期的な企業価値の向上のために〜』株式会社東京証券取引所．
野瀬義雄（1990）『三井の三池鉱山経営略史』野瀬産業株式会社．
広田真一（2012）『株主主権を超えて　ステークホルダー型企業の理論と実証』東洋経済新報社．
北海道炭礦汽船株式会社（1955）『七十年史』．
堀江朋子（2010）『三井財閥とその時代』図書新聞．
増地庸治郎（1936）『我が国株式会社に於ける株式分散と支配』同文館．
松元宏（1979）『三井財閥の研究』吉川弘文館．
松元宏（1980）「第二章　産業投資の展開」三井文庫篇『三井事業史　本篇　第三巻』．
萬代悠（2024）『三井大坂両替店』中公新書．
三科仁伸・牛島利明（2020）「慶應義塾による実業界への人材供給」『経営史学』第54巻第4号，30-33頁．
三井銀行（1957）『三井銀行八十年史』．
三井生命（1968）『三井生命四十年史』．
三井倉庫（1961）『三井倉庫五十年史』．

三井文庫（1974）『三井事業史　資料篇三』。
宮島英明（2004）『産業政策と企業統治の経済史：日本経済発展のミクロ分析』有斐閣。
村和明（2017）「一八世紀前期における三井大元方の権力構造――帳簿の様式と正徳期の内部対立を中心に」『三井文庫論叢』第 51 号，129-230 頁。
村瀬英彰（2016）『新エコノミクス金融論　第 2 版』日本評論社。
森川英正（1973）『日本型経営の源流』東洋経済新報社。
森川英正（1978）『日本財閥史』教育社。
安岡重明（1968）「三井財閥形成過程における有限責任制」『経営史学』第 3 巻第 3 号 1-27 頁。
安岡重明（1998）『財閥経営の歴史的研究』岩波書店。
安岡重明（2004）『三井財閥の人びと――家族と経営者』同文館出版。
柳川範之（2013）「エンフォースメントの不完全性について」『新世代法政策学研究』Vol. 19, 333-346 頁。
山口功二（2000）「ポピュリズムとしての新聞（2）：秋山定輔と『二六新報』」『評論・社会科学』（同志社大学人文学会）62 号，125-153 頁。
横山和輝（2007）「戦前日本における財閥系生保の経営効率性」『オイコノミカ』第 44 巻 2 号，105-120 頁。
横山和輝（2021）『日本金融百年史』ちくま新書。
Allen, Franklin, Douglas Gale. (2001). *Comparing Financial Systems*. The MIT Press.
Argyres, Nicholas S., and Todd R. Zenger. (2012). Capabilities, Transaction Costs, and Firm Boundaries. *Organization Science*, 23 (6): 1643-1657.
Baumol, William J. (1982). Contestable Markets: an Uprising in the Theory of Industry Structure. *American Economic Review*, 72 (1): 1-15.
Baumol, William J., John C. Panzar, and Robert D. Willig. (1982). *Contestable Markets and the Theory of Industry Structure*. Harcourt Brace Jovanovich, Inc.
Berle, Adolf, and Gardiner Means. (1932). *The Modern Corporation and Private Property*. Transaction Publishers.
Dau, Luis, Randall K. Morck, and Bernard Yeung. (2020). Corporate Governance, Business Group Governance and Economic Development Traps. *NBER Working Papers*, No. 28069, National Bureau of Economic Research, Inc.
Fama, Eugene F. and Michael C. Jensen. (1983). Separation of Ownership and Control. *Journal of Law and Economics*, 26 (2): 301-325.
Franks, Julian, Colin Mayer, and Hideaki Miyajima. (2014). The Ownership of Japanese Corporations in the 20th Century. *Review of Financial Studies*, 27 (9): 2580-2625.
Hansmann, Henry, Reinier Kraakman, and Richard Squire. (2006). Law and the Rise of the Firm, *Harvard Law Review*, 119 (5): 1333-1403.
Hart, Oliver. (1995). *Firms, Contracts, and Financial Structure*. Oxford University Press.
Hart, Oliver, and Luigi Zingales. (2022). The New Corporate Governance. *NBER Working Papers*, No. 29975, National Bureau of Economic Research, Inc.
Hoshi, Takeo and Anil Kashyap. (2001). *Corporate Financing and Governance in Japan: Road to the Future*. MIT Press.
La Porta, Rafael, Florencio Lopez-de-Silanes, Andrei Shleifer, and Robert W. Vishny. (1998).

Law and Finance. *Journal of Political Economy*, 106（6）: 1113-1155.
Le Bris, David, William N. Goetzmann, and Sébastien Pouget.（2023）. Convergent Evolution Toward the Joint-Stock Company. *NBER Working Papers*, No. 31821, National Bureau of Economic Research, Inc.
Morck, Randall K., and Masao Nakamura.（2005）. A Frog in a Well Knows Nothing of the Ocean A History of Corporate Ownership in Japan. In Randall K. Morck（Ed.）, *A History of Corporate Governance around the World: Family Business Groups to Professional Managers*（pp. 367-459）: University of Chicago Press.
Morikawa, Hidemasa.（1970）. The Organizational Structure of the Mitsubishi and Mitsui Zaibatsu, 1868-1922. *Business History Review*, 44（1）: 62-83.
Nakamura, Eri, Hiroki Sakai, and Kenichi Shoji.（2018）. Managerial Transfers to Reduce Transaction Costs among Affiliated Firms: Case Study of Japanese Railway Holding Companies. *Utilities Policy*, 53（C）: 102-110.
Okazaki, Tetsuji.（2001）. The Role of Holding Companies in Pre-War Japanese Economic Development: Rethinking Zaibatsu in Perspectives of Corporate Governance. *Social Science Japan Journal*, 4（2）: 243-268.
Shleifer, Andrei and Robert W. Vishny.（1986）. Large Shareholders and Corporate Control. *Journal of Political Economy*, 94: 461-488.
Stigliz, E. Joseph.（1985）. Credit Markets and the Control of Capital. Journal of Money. *Capital and Banking*, 17（2）: 133-152.
Yonekura, Seiichiro.（1985）. The Emergence of the Prototype of Enterprise Group Capitalism—the Case of Mitsui—. *Hitotsubashi Journal of Commerce and Management*, 20: 63-104.
Williamson, Oliver E.（1975）. *Markets and Hierarchies: Analysis and Antitrust Implications*. Free Press.
Williamson, Oliver E.（1996）. *The Mechanisms of Governance*. Oxford University Press.

第4章

伊神満（2018）『「イノベーターのジレンマ」の経済学的解明』日経BP社．
伊藤秀史・小林創・宮原泰之（2019）「第11章　企業文化」伊藤秀史・小林創・宮原泰之『組織の経済学』有斐閣．
入山昭栄（2012）『世界の経営者はいま何を考えているのか――知られざるビジネスの知のフロンティア』英治出版株式会社．
大川一司・高松信清・山本有造（1974）『長期経済統計1――推計と分析（1）国民所得』東洋経済新報社．
大鳥圭介（1879）『石炭編』開拓使．
岡室博之・西村淳一（2022）『研究開発支援の経済学――エビデンスに基づく政策立案に向けて』有斐閣．
貝塚商工会議所製綱活性化研究会（1992）『ワイヤロープのすべて　上巻　製造編』貝塚商工会議所．
菅野猛（1965）「鉄鋼における研究および技術の今後の問題」『鉄と鋼』第51年第7号．
木下敬正・河野左十郎編（1903）『勧業功繍録　第1編』青年教育義会．
小林信一（2018）「科学技術・イノベーション政策のために　第5回　シュンペーター，イ

ノベーション，技術革新」『科学』Vol. 88, No. 4, 416-423 頁。
渋沢青淵記念財団竜門社（1957）『渋沢栄一伝記資料第十二巻』渋沢栄一伝記資料刊行会。
清水洋（2022）『イノベーション』有斐閣。
週刊朝日編（1988）『値段史年表――明治・大正・昭和』朝日新聞社。
谷口運（2012）「ワイヤロープ技術発展の系統化調査」国立科学博物館「産業技術史資料の評価・保存・公開等に関する調査研究」企画推進委員会編集，共同研究編 5。
俵先生記念出版委員会（1959）『俵国一先生を偲ぶ』日本鉄鋼協会。
寺西重郎（2003）『日本の経済システム』岩波書店。
東京製綱株式会社（1957）『東京製綱株式会社七十年史』。
東京製綱株式会社（1989）『東京製綱株式会社百年史』。
長岡貞男・大湾秀雄・大西宏一郎（2014）「発明者へのインセンティブ設計：理論と実証」RIETI Discussion Paper Series 14-J-044（独立行政法人経済産業研究所）。
中園宏幸（2021）「両利きの曖昧さ：イノベーターのジレンマを解くほど器用か」『同志社商学』72 巻 5 号，187-203 頁。
花薗誠（2018）『産業組織とビジネスの経済学』有斐閣。
星野芳郎（1958）『技術革新の根本問題』勁草書房。
飯塚陽介（2009）「明治後期資本財産業の成長と機械商」Working Paper Series, No. 094（Management Innovation Research Center/一橋大学商学研究科日本企業研究センター）。
安田洋祐（2020）「「イノベーターのジレンマ」のゲーム理論的解明」『オペレーションズ・リサーチ』2020 年 5 月号，266-270 頁。
山岡次郎（1904）『金属談義』和田辰之助。
Arrow, Kenneth J. (1962). Economic Welfare and the Allocation of Resources for Inventions. *The Rate of Direction of Inventive Activity: Economic and Social Factors*. NBER (National Bureau of Economic Research), pp. 609-628.
Benner, Mary. J., and Michael L. Tushman. (2003). Exploitation, Exploration, and Process management: the Productivity Dilemma Revisited. *Academy of Management Review*, 28 (2): 238-256.
Christensen, Clayton M. (1997). *The Innovator's Dilemma: When New Technologies Cause Great Firms to Fail*. Harvard Business School Press.
Cohen, Wesley M. and Daniel A Levinthal. (1989). Innovation and Learning: The Two Faces of R&D. *Economic Journal*, 99 (397): 569-596.
Dechezleprêtre, Antoine, Elias Einiö, Ralf Martin, Kieu-Trang Nguyen, and John Van Reenen. (2023). Do Tax Incentives Increase Firm Innovation? An RD Design for R&D, Patents, and Spillovers. *American Economic Journal: Economic Policy*, 15 (4): 486-521.
Duncan, Robert B. (1976). The Ambidextrous Organization: Designing Dual Structures for Innovation. In Kilmann, Ralph H., Louis R. Pondy, and Dennis P. Slevin. (Eds.), *The Management of Organization Design: Strategies and Implementation*, pp. 167-188. North Holland.
Gerschenkron, Alexander. (1952). *Economic Backwardness in Historical Perspective*, Bobbs-Merrill.
Gilbert, Richard J. and David M. G. Newbery. (1982). Preemptive Patenting and the Persistence of Monopoly. *The American Economic Review*, 72 (3): 514-526.
Juhász, Réka, Shogo Sakabe, and David Weinstein. (2024). Codification, Technology Absorp-

tion, and the Globalization of the Industrial Revolution. *NBER Working Paper*, No. 32667.

Kreps, David.（1990）. Corporate Culture and Economic Theory. In James. Alt and Kenneth A. Shepsle（Eds）, *Perspectives on Positive Political Economy*. Cambridge University Press.

Igami, Mitsuru.（2017）. Estimating the Innovator's Dilemma: Structural Analysis of Creative Destruction in the Hard Disk Drive Industry, 1981-1998. *Journal of Political Economy*, 125（3）: 798-847.

Lambert, Richard A.（1986）. Executive Effort and Selection of Risky Projects. *Rand Journal of Economics*, 17（1）: 77-88.

Lerner, Josh, and Julie Wulf.（2007）. Innovation and Incentives: Evidence from Corporate R&D. *The Review of Economics and Statistics*, 89（4）: 634-644.

March, James G.（1991）. Exploration and Exploitation in Organizational Learning. *Organizational Science*, 2（1）: 71-87.

Mokyr, Joel.（1992）. *Lever of Riches: Technological Creativity and Economic Progress*. Oxford University Press.

Murayama, Kota, Nirei, Makoto and Shimizu, Hiroshi.（2015）. Management of Science, Serendipity, and Research Performance: Evidence from a Survey of Scientists in Japan and the U. S. *Research Policy*, 44（4）: 862-873.

Onishi, Koichiro.（2013）. The Effects of Compensation Plans for Employee Inventions on R&D Productivity: New Evidence from Japanese Panel Data. *Research Policy*, 42（2）: 367-378.

O'Reilly, Ⅲ, Charles A. and Michael L. Tushman.（2008）. Ambidexterity as a dynamic Capability: Resolving the Innovator's Dilemma. *Research in Organizational Behavior*, 28: 185-206.

O'Reilly, Ⅲ, Charles A. and Michael L. Tushman.（2016）. *Lead and Disrupt: How to Solve the Innovator's Dilemma*. Stanford Business Books.

Schumpeter, Joseph A.（1934）. *The Theory of Economic Development: an Inquiry into Profits, Capital, Credit, Interest, and the Business Cycle*. Harvard University Press（八木紀一郎・荒木詳二訳『シュンペーター経済発展の理論（初版）』日本経済新聞社，2020年）.

Tushman, Michael L. and Charles A. O'Reilly, Ⅲ.（1996）. Ambidextrous Organizations: Managing Evolutionary and Revolutionary Change. *California Management Review*, 38（4）: 8-30.

Utterback, James M. and William J. Abernathy.（1975）. A Dynamic Model of Process and Product innovation. *Omega*, 3（6）: 639-659.

Verreet, Roland.（2018）. *A Short History of Wire Rope*. Available on the internet（URL: https://www.ropetechnology.com/）Last access: 12/22/2023.

Yamamoto, Koji.（2018）. *Taming Capitalism Before Its Triumph: Public Service, Distrust, and 'Projecting' in Early Modern England*. Oxford University Press.

Yokoyama, Kazuki.（2023）. Trinity for Innovation: the Case of Tokyo Rope in the Meiji Era. *Discussion Paper in Economics*, No. 692（Society of Economics Nagoya City University）.

第5章

秋坂朝則（2006）『商法改正の変遷とその要点──その創設から会社法の成立まで』一橋出版。

雨宮昭一（1969）「日糖事件」我妻栄・林茂『日本政治裁判史録2　明治・後』第一法規。

伊藤秀史・小林創・宮原泰之（2019）『組織の経済学』有斐閣。
上原利夫（2000）「明治時代のコーポレート・ガバナンス――明治44年商法改正論議を中心として」日本経営倫理学会誌，第7号，63-74頁。
岡田達哉（2018）「明治期紡績業における製品原価の表示と損益計算――大阪紡績の事例」『メルコ管理会計研究』（牧誠財団）第10号-Ⅱ，55-64頁。
小原直（1986）『小原直回顧録』中央公論社。
粕谷誠（2019）『コア・テキスト経営史』新世社。
久保文克（2007）「大日本製糖の再生と飛躍――再生請負人藤山雷太の創造的適応」『商学論叢』（中央大学商学研究会）第48巻（1・2号），19-111頁。
久保文克（2009）「第一章　近代製糖業の対立構図と糖業連合会」社団法人糖業協会監修・久保文克編『近代製糖業の発展と糖業連合会』日本経済評論社。
三枝一雄（1992）『明治商法の成立と変遷』三省堂。
佐野真一（1999）『渋沢家三代』文春新書。
渋沢青淵記念財団竜門社（1956）『渋沢栄一伝記資料第十一巻』渋沢栄一伝記資料刊行会。
島田昌和（2004）「戦前期における企業ガバナンスの一考察――株主総会を通じた渋沢栄一の役割分析」『経営論集』第14巻第1号，1-19頁。
清水克俊・堀内昭義（2003）『インセンティブの経済学』有斐閣。
志村嘉一（1969）『日本資本市場分析』東京大学出版会。
社団法人糖業協会（1962）『近代日本糖業史上巻』勁草書房。
大日本製糖株式会社（1934）『日糖最近二十五年史』。
大日本製糖株式会社（1960）『日糖六十年史』。
高倉文人（1996）「明治44（1911）年商法改正の意義――罰則規定の改正を中心に」『法制史研究』46巻，41-74頁。
高橋亀吉（1930）『株式会社亡国論』万里閣書房。
武田晴人（2022）『事件から読みとく日本企業史』有斐閣。
建部宏明（2003）『日本原価計算理論形成史研究』同文舘。
中央大学（1891）『大審院判決録：民事・刑事第15輯（pp.1389-2050.）刑事判決録〔明治42年分〕』。
東京株式取引所（1928）『東京株式取引所五十年史』。
中林真理子（2012「モラルハザード」『明大商経論叢』（明治大学商学研究所）第85巻第1号，117-126頁。
日本経済新聞社（2008）『中外商業新報復刻版第198巻明治41年12月（第8131号〜第8156号）』柏書房。
日本経済新聞社（2009）『中外商業新報復刻版第202巻明治42年4月（第8234号〜第8262号）』柏書房。
平井健介（2017）『砂糖の帝国』東京大学出版会。
武藤山治（1934）『私の身の上話』発行所・武藤金太（由井常彦監修『人物で読む日本経済史第4巻　私の身の上話――武藤山治』1994年，ゆまに書房）。
村瀬英彰（2016）『新エコノミクス金融論　第2版』日本評論社。
渡辺和夫（2008）「戦前の会計監査」『商学研究』（小樽商科大学）第56巻1号，21-33頁。
Beim, David O. and Charles W. Calomiris. (2001). *Emerging Financial Markets*. Mc Graw-Hill Irwin.

Bertrand, Marianne, and Sendhil Mullainathan.（2003）. Enjoying the Quiet Life? Corporate Governance and Managerial Preferences. *Journal of Political Economy*, 111（5）: 1043-1075.
Gneezy, Uri and Aldo Rustichini.（2000）. Pay Enough or Don't Pay at All. *The Quarterly Journal of Economics*, 115（3）: 791-810.
Hart, Oliver.（1995）. *Firms, Contracts, and Financial Structure*. Oxford University Press.
Ishida, Shigehiro and Kazuki Yokoyama.（2023）. Origins of the Tokyo Stock Exchange: Path Dependence of Trading Systems. *JPX Working Paper*, Vo. 42.
Jensen, Michael C., and William H. Meckling.（1976）. Theory of the Firm: Managerial Behavior, Agency Costs and Ownership Structure. *Journal of Financial Economics*, 3（4）: 305-360.
Knight, Frank.（1921）. *Risk, Uncertainty, and Profit*. Boston and New York: Houghton, Mifflin Company.
Loderer, Claudio, René Stulz, and Urs Waelchli.（2013）. Limited Managerial Attention and Corporate Aging, *NBER Working Papers*, No. 19428, National Bureau of Economic Research, Inc.
Milgrom, Paul and John Roberts.（1992）. *Economics, Organization and Management*. Prentice Hall.
Rowell, David and Luke B. Connelly.（2012）. A History of the Term "Moral Hazard". *Journal of Risk and Insurance, The American Risk and Insurance Association*, 79（4）: 1051-1075.
Smith, A.（1776）. An Inquiry into the Nature and Causes of the Wealth of Nations（大河内一男監訳『国富論Ⅲ』中公クラシックス，2010年）.

第6章

安藤至大（2013）『ミクロ経済学の第一歩』有斐閣．
井川克彦（2006）「明治初期における日本生糸の粗悪化と産地銘柄」『日本女子大学紀要　文学部』55巻，73-93頁．
石井寛治（1972）『日本蚕糸業史分析』東京大学出版会．
石井寛治（2023）『日本蚕糸業史再考』東京大学出版会．
石井孝（1944）『幕末貿易史の研究』日本評論社．
石田潤一郎・玉田康成（2020）『情報とインセンティブの経済学』有斐閣．
依田高典（2010）『行動経済学——感情に揺られる経済心理』中公新書．
伊藤秀史（2012）『ひたすら読むエコノミクス：READ ME 1ST』有斐閣．
今井幹夫（2011）「Ⅲ　考察編」富岡市教育委員会編『富岡製糸場総合研究センター報告書　日本国の養蚕に関するイギリス公使館書記アダムズによる報告書——アダムズ報告書（第1次～第4次）とブリュナの報告書』．
澳国博覧会事務局（1875）『澳国博覧会報告書　蚕業部　上』．
大竹文雄（2019）『行動経済学の使い方』岩波新書．
大塚啓二郎（2023）『革新と発展の開発経済学』東洋経済新報社．
大野彰（2008）「生糸品質の機械的検査法及び生糸検査制度の確立による逆選択の解消について」『京都学園大学経済学部論集』18巻1号，1-23頁．
大野彰（2023）『生糸と絹織物のグローバル・ヒストリー——幕末から昭和初期までの製糸

業の発展と流通』ミネルヴァ書房。
岡崎哲二・谷山英祐・中林真幸（2006）「日本の初期経済発展における共同体関係の役割：歴史的文献展望」澤田康幸・薗部哲史編『市場と経済発展——途上国における貧困削減に向けて』東洋経済新報社。
奥野正寛・鈴村興太郎（1988）『ミクロ経済学Ⅱ』岩波書店。
小塩隆士（2002）『教育の経済分析』日本評論社。
落合功（2022）「近代殖産興業政策の展開と博覧会参加：博覧会・塩業界・経営主体」『国立歴史民俗博物館研究報告』第236集，87-181頁。
河合清（1911）『我生糸と米国』有隣堂。
川口大司（2017）「日本における技能利用の男女差：PIACCを用いた日米英からの知見」井伊雅子・原千秋・細野薫・松島斉編『現代経済学の新潮流2017』東洋経済新報社。
神取道宏（2014）『ミクロ経済学の力』日本評論社。
清川雪彦（1986）「西欧製糸技術の導入と工場制度の普及・定着——官営富岡製糸場の意義再考」『経済研究』（一橋大学経済研究所）第37巻第3号，234-247頁。
清川雪彦（1988）「殖産興業政策としての博覧会・共進会の意義——その普及促進機能の評価」『経済研究』（一橋大学経済研究所）第39巻第4号，340-359頁。
清川雪彦（2009）『近代製糸技術とアジア』名古屋大学出版会。
國雄行（2005）『博覧会の時代：明治政府の博覧会政策』岩田書院。
小泉勝夫（2019a）『新編日本蚕糸・絹業史上巻』蚕糸業史研究調査会。
小泉勝夫（2019b）『新編日本蚕糸・絹業史下巻』蚕糸業史研究調査会。
小島憲之・木下正俊・東野治之（1995）『新編古典文学全集　萬葉集②』小学館。
差波亜希子（1996）「初期輸出向け生糸の品質管理問題——群馬県における座繰製糸改良と器器械糸」『史学雑誌』（史学会）第105編第10号，40-61。
佐竹昭広・山田英雄・工藤力男・大谷雅夫・山崎福之（2013）『万葉集（二）』岩波文庫。
佐野晋平（2024）『教育投資の経済学』日経文庫。
渋沢青淵記念財団竜門社（1958）『渋沢栄一伝記資料第十九巻』渋沢栄一伝記資料刊行会。
島浩二（2022）『外食における消費者行動の研究——情報活用に着目した購買意思決定プロセス』創成社。
嶋田透（2014）「カイコの微粒子病研究と農学140年」『日本農学アカデミー会報』第22号，79-88頁。
清水克俊・堀内昭義（2003）『インセンティブの経済学』有斐閣。
杉山伸也（1983）「日本製糸業の発展と海外市場」『三田学会雑誌』（慶應義塾経済学会）76巻2号，254-274頁。
高橋信貞（1887）『蚕糸業道中記』有隣堂。
谷山英祐（2007）「明治前期製糸業における商標の確立と行政による保護——群馬県と福島県の制度分析と比較」『経営史学』（経営史学会）第42巻3号，68-91頁。
内務省勧農局（1879）『勧農局年報第4回』。
長野恭彦（2015）「生糸商標誕生前夜」『産業考古学研究』（東京産業考古学会），第2号，26-33頁。
中林真幸（2003）『近代資本主義の組織——製糸業の発展における取引の統治と生産の構造』東京大学出版会。
中室牧子（2015）『「学力」の経済学』ディスカヴァー・トゥエンティワン。

農林省横浜生糸検査所（1964）『横浜生糸検査所六十年史』横浜生糸検査所。
農林大臣官房総務課（1958）『農林行政史　第三巻』。
橋野知子（2007）『経済発展と産地・市場・制度――明治期絹織物業の進化とダイナミズム』ミネルヴァ書房。
橋本重兵衛（1902）『生糸貿易之変遷』丸山舎。
林貴志（2013）『ミクロ経済学　増補版』ミネルヴァ書房。
藤本實也（1939）『開港と生糸貿易』刀江出版。
前橋学センター編（2021）『藩営前橋製糸所とスイス・イタリア』上毛新聞社。
松島斉（2018）『ゲーム理論はアート――社会のしくみを思いつくための繊細な哲学』日本評論社。
村瀬正章（1965）『日本歴史学会編集人物叢書　臥雲辰致』吉川弘文館。
室岡健志（2023）『行動経済学』日本評論社。
森泰吉郎（1931）『蠶絲業資本主義史』森山書店。
藪内一貴・森直樹・岡田真（2023）「深層学習を用いたマルチモーダルデータに基づくトレーディングカードの価格変動予測」『人工知能学会全国大会論文集』（人工知能学会）第37回，1-4頁。
山崎益吉（2003）『製糸工女のエートス――日本近代化を担った女性たち』日本経済評論社。
Akerlof, George A. (1970). The Market for Lemons: Quality Uncertainty and the Market Mechanism. *Quarterly Journal of Economics*, 84 (3): 488-500.
Becker, Gary S. (1964). *Human Capital (Third edition)*. University of Chicago Press.
Biglaiser, Gary, Fei Li, Charles Murry, and Yiyi Zhou. (2020). Intermediaries and Product Quality in Used Car Markets. *The RAND Journal of Economics*, 51 (3): 905-933.
Cabral, Luís and Ali Hortaçsu. (2010). The Dynamics of Seller Reputation: Theory and Evidence from eBay. *The Journal of Industrial Economics*, 58 (1): 54-78.
Emons, Winand and George Sheldon. (2002). The Market for Used Cars: A New Test of the Lemons Model. *Discussion Paper Series*, 26353, Hamburg Institute of International Economics.
Federico, Giovanni. (1997). *An Economic History of the Silk Industry*. 1830-1930. Cambridge University Press.
Freyer, Roland Jr. and Steven Levitt. (2004). The Causes and Consequences of Distinctively Black Names. *Quarterly Journal of Economics*, 119 (3): 767-805.
Hukuhara, Toshihiko. (2011). *Pasteur and the Silkworm Disease*. parade Books.
Kahneman, Daniel and Amos Tversky. (1982). *Judgment Under Uncertainty: Heuristics and Biases*. Cambridge University Press.
Rowell, David and Luke B. Connelly. (2012). A History of the Term "Moral Hazard". *Journal of Risk and Insurance, The American Risk and Insurance Association*, 79 (4): 1051-1075.
Simon, Herbert. (1982). *Models of Bounded Rationality*. MIT Press.
Spence, Michael. (1973). Job Market Signaling. *Quarterly Journal of Economics*, 87 (3): 355-374.
Stiglitz, Joseph E. (1975). The Theory of "Screening," Education, and the Distribution of Income. *American Economic Review*, 65 (3): 283-300.
Vernus, Pierre. (2016). Trade Associations and Economic Regulation in the Lyons Fabrique:

From the 1860s to the 1920s. Hahino, in Tomoko and Keijiro Otsuka (eds), *Industrial Districts in history and the Developing World*. Springer.

Williamson, Oliver E. (1996). *The Mechanisms of Governance*. Oxford University Press.

第7章

井上馨侯伝記編纂委員会（1968）『世外井上公伝第三巻（明治百年史叢書）』原書房。

大石直樹（2008）「三菱と共同運輸会社の競争過程——日本郵船会社の設立をめぐって」『三菱史料館論集』第9号，31-84頁．

神取道宏（2014）『ミクロ経済学の力』日本評論社。

小風秀雅（1995）『帝国主義下の日本海運』山川出版社。

佐々木誠治（1961）『日本海運業の近代化』海文堂。

渋沢青淵記念財団竜門社（1956）『渋沢栄一伝記資料第八巻』渋沢栄一伝記資料刊行会。

渋沢青淵記念財団竜門社（1971）『渋沢栄一伝記資料別巻第三巻』渋沢栄一伝記資料刊行会。

武田晴人・関口かをり（2020）『三菱財閥形成史』東京大学出版会。

逓信省（1941）『逓信事業史　第六巻』。

日本銀行（1982）『日本銀行百年史　第一巻』。

日本郵船（1956）『七十年史』。

日本郵船（1988a）『日本郵船株式会社百年史』。

日本郵船（1988b）『近代日本海運生成史料』。

花薗誠（2018）『産業組織とビジネスの経済学』有斐閣。

増田廣實（2009）『近代移行期の交通と運輸』岩田書院。

松下伝吉（1940）『近代日本経済人体系　第5巻　海運貿易編』中外産業調査会。

松谷泰樹（2016）「「囚人のジレンマ」について」『MACRO REVIEW』（日本マクロエンジニアリング学会）28巻1号，13-23頁。

水上たかね（2018）「台湾出兵と三菱——受託官船運用体制の構築」『三菱史料館論集』第19号，15-44頁。

八木慶和（1987）「「明治十四年政変」と日本銀行——共同運輸会社貸出をめぐって」『社会経済史学』53巻5号，636-660頁。

横山和輝（2021）「不本意な「囚人のジレンマ」：郵便汽船三菱と共同運輸の運賃引き下げ」名古屋市立大学経済学会ディスカッションペーパー，No. 665。

Poundstone, William. (1992). *Prisoner's Dilemma*. Doubleday.

Yokoyama, Kazuki. (2024). Strategic Interdependence: Quasi-Experiment in the Maritime Industry during the 1880s in Japan. *Discussion Paper*, No. 699, The Economic Society, Nagoya City University.

索　引

あ　行

伊藤八兵衛　18
イノベーション　90
イノベーターのジレンマ　106, 110
依頼人　125
因果推論　8
インセンティブ　5
インセンティブ整合性　52

ウォルシュ・ホール商会　21

エージェンシー関係　125
エビデンスベースの政策提言　8
M&A　74
エンフォースメント　28

か　行

外的妥当性　9
外発的動機　7
隠された性質　149
隠れた行動　125
過小供給　173
寡占市場　176
鐘紡　41
監視　129

完全競争市場　170

生糸商標　143
規模の経済性　83
逆選択　148
共同運輸会社　160
銀行中心システム　82
金銭的インセンティブ　129

KPI　130
ゲーム理論　10
限界収入曲線　172
限界生産性　53
限界費用　54

公的な言説　37
コーディネーション・ゲーム　10
コーポレート・ガバナンス　80
コストの補完性　84
コントロール　79

さ　行

参加制約　51
残余所得　81
残余請求者　81

シグナリング　151
市場中心システム　82
市場の失敗　148
自然実験　34
私的利益　126
渋沢栄一（渋沢篤太夫）　4
囚人のジレンマ　173
殖産興業　4
所有と経営の分離　80
所有とコントロールの分離　78

スクリーニング　151
ステークホルダー　80

戦略的相互依存性　176

宗竺遺書　64
粗製濫造　136
ソフト情報　85

―― た　行 ――

代理人　125

着地点　12

動機　7
東京製綱　92
統計的差別　154
独占　170
独占価格　171
特許制度　102
取引コスト　85

―― な　行 ――

内発的動機　7
ナッシュ均衡　11

日糖事件　114

―― は　行 ――

ハード情報　85
パレート改善　175
範囲の経済性　83

B2B　90
非対称情報　126
費用関数　172

複占市場　176
文化的隔離　153

ベルトラン競争　178

―― ま　行 ――

マネジメント　79
マルチタスキング　142

三井家憲　71
三井合名　72
三井十一家　65
三井高利　64
ミンサー型賃金関数　57

武藤山治　41

モラルハザード　125

や行

郵便汽船三菱会社　160

ら行

両利き　103

レモン　139
　——の定理　149

著者紹介

　　　　横山　和輝（よこやま　かずき）

1971 年　静岡県富士市生まれ
1994 年　神奈川大学経済学部卒業
1996 年　一橋大学大学院経済学研究科修士課程修了
1999 年　同研究科博士後期課程単位取得退学
2006 年　博士（経済学・一橋大学）
1999 年-2000 年　一橋大学経済学部助手
2001 年-2002 年　東京大学・日本経済国際共同研究センター研究員
2003 年-現　在　名古屋市立大学大学院経済学研究科講師・助教授・准教授・教授

　　　主要論文・著作等

"Measuring the Extent and Implications of Director Interlocking in the Pre-war Japanese Banking Industry"（with Tetsuji Okazaki and Michiru Sawada）, *The Journal of Economic History*, 64（5）: 1082-1115, 2005.
『マーケット進化論』日本評論社，2016 年。
『日本史で学ぶ経済学』東洋経済新報社，2018 年。
『日本金融百年史』ちくま新書，2021 年。
NHK 大河ドラマ『青天を衝け』資料提供，2021 年。

経済学叢書 Introductory
インセンティブの経済学
――殖産興業から学ぶ経済学入門――

2024 年 10 月 10 日 © 　　　　初 版 発 行

著　者　横山和輝　　　発行者　森平敏孝
　　　　　　　　　　　印刷者　田中達弥

【発行】　　　株式会社　新世社
〒151-0051　東京都渋谷区千駄ヶ谷1丁目3番25号
編集☎(03)5474-8818(代)　　　サイエンスビル

【発売】　　　株式会社　サイエンス社
〒151-0051　東京都渋谷区千駄ヶ谷1丁目3番25号
営業☎(03)5474-8500(代)　　振替 00170-7-2387
FAX☎(03)5474-8900

印刷・製本　大日本法令印刷（株）

≪検印省略≫

本書の内容を無断で複写複製することは，著作者および出版者の権利を侵害することがありますので，その場合にはあらかじめ小社あて許諾をお求め下さい．

ISBN 978-4-88384-392-3
PRINTED IN JAPAN

サイエンス社・新世社のホームページのご案内
https://www.saiensu.co.jp
ご意見・ご要望は
shin@saiensu.co.jp　まで．